KB010104

심리
정치

PSYCHOPOLITIK

by Byung-Chul Han

PSYCHO
POLITIK

심리
정치

신자유주의의 통치술

한 병 철
김태환 옮김

문학과지성사
2015

심리정치
신자유주의의 통치술

제1판 제1쇄 2015년 3월 2일
제1판 제9쇄 2023년 5월 30일

지은이 한병철
옮긴이 김태환
펴낸이 이광호
펴낸곳 ㈜문학과지성사
등록번호 제1993-000098호
주소 04034 서울 마포구 잔다리로7길 18(서교동 377-20)
전화 02) 338-7224
팩스 02) 323-4180(편집) 02) 338-7221(영업)
전자우편 moonji@moonji.com
홈페이지 www.moonji.com

ISBN 978-89-320-2722-7

내가 원하는 것에서 나를 지켜줘

—제니 홀저

| 차례 |

자유의 위기

자유의 착취

자유는 결국 에피소드로 끝날 것이다. 에피소드란 막간극을 의미한다. 자유의 감정은 일정한 삶의 형태에서 다른 삶의 형태로 넘어가는 이행기에 나타나 이 새로운 삶의 형태 자체가 강제의 형식임이 밝혀지기 전까지만 지속될 뿐이다. 그리하여 해방 뒤에 새로운 예속이 온다. 그것이 주체의 운명이다. 주체, 서브젝트Subjekt는 문자 그대로 예속되어 있는 자인 것이다.

우리는 오늘날 우리 자신이 예속된 존재로서의 **서브젝트**가 아니라 계속해서 스스로를 기획하고 창조해가는 자유로운 **프로젝트**Projekt라고 믿고 있다. 서브젝트에서 프로젝트로의 이행은 자유의 감정을 동반한다. 그런데 이제 이러한 프로젝트 자체가 강제의 형상, 심지어 더 **효과적인 예속화의 형식임이 밝혀진다.** 외적 강제나 타인의 억압에서 해방되었다고 믿는 프로젝트로서의 자아는 성과와 최적화의 강요라는 형식으로 작동하는 내적 강제와 자기 강제에 예속된다.

우리는 자유 자체가 강제를 생성하는 특수한 역사적 시기를 살고 있다. 할 수 있음의 자유는 심지어 명령과 금지를 만들어내는 해야 함의 규율보다 더 큰 강제를 낳는다. 해야 함에는 제한이 있지만, 할 수 있음에는 제한이 없기 때문이다. 따라서 할 수 있음에서 유래하는 강제는 한계가 없다. 그리하여 우리는 역설적 상황에 빠진다. 자유는 본래 강제의 반대 형상이다. 자유롭다는 것은 강제가 없음을 의미한다. 그런데 이처럼 강제의 반대여야 할 자유가 강제를 가져오고 있는 것이다. 우울증이나 소진증후군과 같은 심리적 질병은 자유가 직면한 깊은 위기의 표현이다. 즉 그것은 오늘날 자유가 도처에서 강제로 역전되고 있음을 드러내는 병리학적 표징인 것이다.

스스로 자유롭다고 여기는 성과주체는 실제로는 노예에

지나지 않는다. 성과주체는 주인에 묶여 있지 않으면서도 스스로를 자발적으로 착취한다는 점에서 절대적 노예라고 할 수 있다. 그에게 노동을 강요하는 주인은 없다. 그는 **벌거벗은 생명**을 절대화하고 그러기에 **노동한다.** 벌거벗은 생명과 노동은 동전의 양면이다. 건강은 벌거벗은 생명의 이상이다. 이러한 신자유주의적 노예는 헤겔G. W. F. Hegel이 말한 주인과 노예의 변증법 속에 등장하는 주인의 주권, 즉 노동하지 않고 오직 **향유**만 하는 주인의 자유를 알지 못한다. 주인의 주권은 그가 벌거벗은 생명을 넘어서고 심지어 이를 위해 죽음마저 감수한다는 데서 나온다. 이러한 과잉, 즉 과도한 삶과 향유의 양식은 벌거벗은 생명을 염려하며 노동하는 노예에게는 낯선 것이다. 헤겔의 견해와는 달리 노동은 노예를 자유롭게 하지 못한다. 그는 여전히 노동의 노예로 남는다. 헤겔의 노예는 주인에게도 노동을 강제한다. 헤겔의 주인과 노예의 변증법은 노동의 전체주의를 초래한다.

신자유주의적 주체는 자기 자신의 경영자로서 **목적**에서 자유로운 관계를 맺을 능력이 없다. 경영자 사이에서는 목적 없는 우정도 생겨날 수 없다. 하지만 자유롭다는 것은 본래 **친구들** 곁에 있음을 의미한다. 인도게르만어에서 자유Freiheit

와 친구Freund는 같은 어원에서 나온 말이다. 자유는 근본적으로 관계의 어휘다. 사람들은 좋은 관계 속에서, 타인과의 행복한 공존 속에서 비로소 진정한 자유를 느끼는 것이다. 신자유주의 체제가 초래하는 개개인의 전면적 고립 상태는 우리를 진정으로 자유롭게 해주지 못한다. 그러므로 오늘날 우리는 자유를 새롭게 정의해야 하는 것이 아닌가, 새롭게 창안해내야 하는 것이 아닌가 하는 질문에 직면해 있다. 자유를 강제로 전복시키는 숙명적인 자유의 변증법에서 벗어나고자 한다면 말이다.

신자유주의는 자유 자체를 착취하는 매우 효율적이고 영리한 시스템이다. 여기서는 기분Emotion, 놀이, 커뮤니케이션 등 자유의 실천과 표현 형식에 속하는 것은 무엇이든 착취의 대상이 된다. 사람을 그의 의지에 반하여 착취하는 것은 효율적이지 못하다. 타자의 착취는 그다지 많은 성과를 올리지 못한다. 자유의 착취야말로 최상의 수익을 낳는다.

흥미롭게도 마르크스Karl Marx 역시 자유를 타자와의 좋은 관계라는 면에서 정의한다. "모든 개인은 다른 사람들과의 공동체 속에서 비로소 자신의 소질을 모든 방향으로 온전히 발전시킬 수 있는 수단을 획득한다. 그러니까 공동체

안에서 비로소 개인의 자유가 가능해진다."[1] 따라서 자유롭다는 것은 타인과 함께 자아를 실현한다는 것을 의미한다. 자유는 성공적인 공동체와 동의어다.

개인적 자유는 마르크스에게 자본의 간계, 자본의 음모로 나타난다. 개인적 자유의 이념 위에 세워진 "자유 경쟁"은 "자본의 자기 관계, 즉 자본이 다른 자본과 맺는 관계이며, 자본이 자본으로서 취하는 실제적 태도"[2]일 뿐이다. 자본은 자유 경쟁을 통해 자기 자신, 즉 또 다른 자본과 관계함으로써 자신의 증식을 추진한다. 자본은 개인적 자유를 수단으로 또 다른 자기 자신과 교접한다. 사람들이 자유롭게 경쟁하는 사이에 자본은 스스로 증식해간다. 개인적 자유는 스스로의 증식을 추구하는 자본에 악용된다는 점에서 노예 상태와 다름없다. 그러니까 자본은 자신의 번식을 위해 개인의 자유를 착취하는 것이다. "자유 경쟁 속에서 자유롭게 해방되는 것은 개인이 아니라 자본이다."[3]

개인의 자유를 통해 실현되는 것은 **자본의 자유**다. 그리하여 자유로운 개인은 자본의 성기로 전락한다. 개인의 자유는 자본에 "자동적인" 주체성을 부여하며 이로써 자본의 능동적 번식을 추동한다. 자본은 끊임없이 "살아 있는 새끼

들"을 "친다."[4] 오늘날 과도한 형태에 이른 개인의 자유는 결국 자본 자체의 과잉을 의미할 따름이다.

자본의 독재

마르크스에 따르면 생산력(인간의 노동력, 노동 방식, 물질적 생산 수단)이 일정한 발전 단계에 이르면 지배적인 생산 관계(소유 및 지배 관계)와 모순에 빠진다. 모순이 발생하는 것은 생산력이 계속 발전하기 때문이다. 이를테면 산업화가 낳은 새로운 생산력은 봉건적인 소유 및 지배 관계와 모순을 일으킨다. 이러한 모순은 사회적 위기로 이어지고 결국 생산 관계의 변화를 촉진한다. 생산력과 생산 관계의 모순은 부르주아지에 대한 프롤레타리아트의 투쟁을 통해 공산주의 사회 질서가 수립됨으로써 종식된다.

마르크스의 생각과는 달리 생산력과 생산 관계의 모순은 공산주의 혁명을 통해 지양되지 않는다. 모순의 지양은 불가능하다. 자본주의에 내재하는 이러한 영구적 모순이야말로 자본주의로 하여금 끝없이 미래를 향해 달아나도록 만드는 동력이다. 그리하여 산업자본주의는 공산주의로 전복되지 않고 후기산업적, 비물질적 생산 양식을 특징으로 하는 신자유주의와 금융자본주의로 변신한 것이다.

자본주의의 변이체인 신자유주의는 노동자를 경영자로 만든다. 공산주의 혁명이 아니라 신자유주의가 타자에 착취당하는 노동 계급을 철폐한다. 오늘날은 모두가 자기 자신의 기업에 고용되어 스스로를 착취하는 노동자다. 모두가 주인인 동시에 노예다. 계급투쟁 역시 자기 자신과의 내적 투쟁으로 탈바꿈한다.

안토니오 네그리Antonio Negri는 협동하는 "다중multitude"을 "프롤레타리아트"의 포스트마르크스주의적 후계자로 치켜세우지만, "다중"이 아니라 홀로 고립되어 스스로와 싸우고 스스로를 착취하는 경영자의 고독solitude이 오늘날의 생산 양식을 특징짓는다. 따라서 협동하는 "다중"이 "기생적 제국"의 굴레를 벗어던지고 공산주의적 사회 질서를 창출하리라는 믿음은 사실과 거리가 멀다. 네그리가 고수하는 이 같은 마르크스주의적 도식 역시 결국은 환상으로 밝혀질 것이다.

신자유주의적 질서 속에서는 생산 수단의 소유자에 의해

착취당하는 프롤레타리아트 또는 노동 계급은 존재하지 않는다. 비물질적 생산 과정에서는 어차피 누구나 자신의 생산 수단을 소유하고 있는 것이다. 신자유주의 시스템은 더 이상 계급 시스템이 아니다. 그것은 서로 적대하는 다수의 계급으로 이루어져 있지 않다. 이 시스템의 안정성은 바로 여기에 바탕을 두고 있다.

오늘날 프롤레타리아트와 부르주아지의 구별은 더 이상 불가능하다. 프롤레타리아는 문자 그대로 자식 말고는 아무것도 가진 게 없는 사람을 가리킨다. 그의 자기 생산은 생물학적 재생산에 국한된다. 하지만 오늘날에는 누구나 자유롭게 자기 자신을 기획하는 프로젝트로서 무한한 자기 생산이 가능하다는 환상이 널리 유포되어 있다. 따라서 "프롤레타리아트의 독재"는 구조적으로 불가능하다. 오늘날은 모두가 자본의 독재 속에서 지배당하고 있는 것이다.

신자유주의 질서는 타자에 의한 착취를 어떤 '계급'도 빠져나갈 수 없는 자기 착취로 탈바꿈시킨다. 마르크스는 이러한 무계급적 자기 착취를 전혀 알지 못했다. 사회 혁명이 착취하는 자와 착취당하는 자의 구별을 전제로 한다면, 무계급적 자기 착취는 바로 사회 혁명의 불가능성을 의미한다. 자기 자신을 착취하는 성과주체는 고립화되고, 이로 인해 공동의 행위를 할 수 있는 **정치적 우리** 자체가 형성되지 못한다.

　신자유주의적 성과사회에서 실패하는 사람은 사회나 시스템에 의문을 제기하기보다는 자기 자신에게 실패의 책임을 돌리고 부끄러움을 느낀다. 바로 여기에 신자유주의적 지배 질서의 특별한 영리함이 있다. 신자유주의 질서는 시스템에 대한 저항 자체가 일어나지 않게 만든다. 반면 타자 착취의 질서 속에서는 착취당하는 자들이 연대하고 함께 착취자에 맞서 봉기할 수 있다. "프롤레타리아트 독재"라는 마르크스의 이념은 바로 이러한 논리에 바탕을 둔 것이다. 프롤레타리아트 독재는 억압적 지배 관계를 전제한다. 하지만 신자유주의의 자기 착취적 질서 속에서 사람들의 공격성은 오히려 **자기 자신을** 겨냥한다. 이러한 자기 공격성으로 인해 피착취자는 혁명가가 아니라 우울증 환자가 된다.

　오늘날 우리는 더 이상 우리 자신의 욕구를 위해서가 아니라 자본을 위해서 일한다. 자본에서 생성되는 자본의 고유한 욕구를 우리는 우리 자신의 욕구라고 착각한다. 자본은 새로운 초월성, 새로운 예속의 형식이다. 우리는 삶이 어떤 외적 목적에 종속되지 않고 오직 삶 자체로 머물러 있는 차원, 즉 삶의 내재성에서 다시 추방당한다.

초월적 질서에서의 해방, 즉 종교적 기초 위에 세워진 모든 전제에서의 해방이 근대 정치의 본질적 특징을 이룬다. 근대에 이르러 초월적 차원을 떠받치던 논거들이 타당성을 상실한다면, 그때 비로소 정치가, 사회의 완벽한 정치화가 가능해질 것이다. 이로써 행위 규범은 전적으로 자유로운 협상의 대상이 될 것이며, 초월성은 **사회적 내재성의 담론**에 밀려날 것이다. 만일 그렇게 되었다면, 사회는 자체적으로, 순수한 내재성의 차원에서 새롭게 정립될 수 있었을 것이다. 하지만 이러한 자유는 자본이 새로운 초월성으로, 새로운 주인으로 등극하는 순간 버려진다. 정치는 이로써 다시 노예 상태에 빠지고 만다. 정치는 자본의 하수인이 된다.

우리는 정말로 자유롭고자 하는 것일까? 우리는 자유롭지 않아도 되려고 신을 발명하지 않았던가? 신 앞에서 우리는 모두 빚〔Schuld, 이 단어는 죄를 의미하기도 한다——옮긴이〕을 진 존재다. 그런데 빚은 자유를 파괴한다. 오늘날 정치가들은 거액의 부채 탓에 마음대로 할 수 있는 것이 없다고 주장한다. 우리가 빚이 없다면, 즉 완전히 자유롭다면, 우리는 정말로 **행동해야** 한다. 어쩌면 우리는 행동하지 않아도 되려고, 즉 **자유롭지** 않아도 되려고, **책임을 지지** 않으려고, 영원히 채무자로 머무는 것인지도 모른다. 거액의 부채는 우리가 자유로울 능력이 없다는 증거가 아닐까? 자본은 우리를 다시 채무자(죄인)로 만드는 **새로운** 신이 아닐까? 발터 벤야민Walter Benjamin은 자본주의를 종교로 파악한다. 자본주의는 "죄를 씻기는커녕 오히려 빚을 지우는 제의를 벌이는 최초의 사례"다. 죄를 씻을 길이 없기 때문에, 부자유의 상태가 영구화된다. "죄를 씻을 길을 알지 못하는 엄청난 부채의식은 빚을 갚기 위해서가 아니라 빚을 보편화하기 위해서 제의에 의존한다."[5]

투명성의 독재

디지털 네트워크는 처음에 무제한의 자유를 주는 매체로 환영받았다. "오늘 어디로 가고 싶으세요?Where do you want to go today?"라는 마이크로소프트의 첫 광고 문구는 웹에서의 무한한 자유와 이동 가능성을 암시하는 것이었다.

하지만 이와 같은 초기의 열광은 환상에 지나지 않는 것이었음이 오늘에 와서 분명해졌다. 무제한의 자유와 커뮤니케이션은 이제 전면적 통제와 감시로 돌변한다. 소셜미디어 역시 점점 더 사회적 관계를 감시하고 가차 없이 착취하는 디지털 파놉티콘의 모습을 띠어간다. 우리는 규율사회의 파놉티콘에서 겨우 벗어났나 싶었는데, 그러기가 무섭게 어느새 새로운 파놉티콘, 더 효율적인 파놉티콘으로 들어와버렸다.

벤담Jeremy Bentham의 파놉티콘에 갇힌 수감자들은 훈육을 위해 격리되며 서로 이야기를 나누는 것도 금지된다. 반면 디지털 파놉티콘의 주민들은 서로 격렬하게 커뮤니케이션하고 자발적으로 스스로를 노출한다. 그럼으로써 그들은 디지털 파놉티콘의 건설에 적극적으로 **동참한다**. 디지털 통제사회는 고도로 자유에 의존한다. 그것은 오직 자발적인 자기 조명과 자기 노출을 통해서만 유지될 수 있다. 디지털 빅브라더는 자신의 일을 수용소 주민들에게 떠넘긴다. 데이터는 강요에 의해서가 아니라 주민들 각자의 내적 욕구에 따라 빅브라더에게 넘겨진다. 여기에 디지털 파놉티콘의 효율성이 있다.

투명성 또한 정보의 자유라는 명분에 따라 장려되고 있다. 하지만 투명성은 사실 **신자유주의**의 요구일 뿐이다. 투명성은 모든 것을 폭력적으로 겉으로 드러내어 **정보**로 만든다. 오늘날의 비물질적 생산 양식 속에서 더 많은 정보와 더 많은 커뮤니케이션은 곧 더 높은 생산성과 가속화, 더 큰 성장을 의미한다. 정보는 감추어진 것이 없는 긍정성이며, 아무런 내면도 없는 까닭에 **콘텍스트와 무관하게 유통시킬** 수 있다. 그래서 정보의 순환 과정은 임의로 가속화할 수 있는 것이다.

비밀, 낯섦, 이질성은 무제한의 커뮤니케이션을 가로막는 장애물이기에 투명성의 이름으로 해체된다. 커뮤니케이션은 매끄럽게 다듬어짐으로써, 즉 모든 문턱과 장벽, 갈라진 틈이 제거됨으로써 더욱 빠른 속도로 진행된다. 사람들도 내면이 없는 존재로 바뀌어간다. 내면은 커뮤니케이션을 방해하고 느리게 하기 때문이다. 하지만 인간의 탈내면화는 폭력에 의해서가 아니라 자발적인 노출을 통해 일어난다. 부정성으로서의 이질성과 낯섦은 탈내면화되어 소통 가능하고 소비 가능한 차이나 다양성과 같은 긍정적 특징으로 전환된다. 투명성의 명령은 정보와 커뮤니케이션의 순환 속도를 더 높이기 위해 전면적인 외면성을 강요한다. 개방성은 궁극적으로 탈경계적 커뮤니케이션에 기여한다. 폐쇄성과 내향성은 커뮤니케이션을 가로막는다.

전면적 획일화는 투명성의 명령이 초래한 또 하나의 귀결이다. 투명성의 경제는 불일치를 억압한다. 전면적 네트워크화, 전면적 커뮤니케이션 자체가 이미 평준화를 촉진한다. 그것은 마치 첩보 기관이 감시하고 조종하기도 전에 모두가 모두를 감시하는 것 같은 획일화 효과를 낳는다. 오늘날에는 감시자 없이도 감시가 이루어진다. 커뮤니케이션은 보이지 않는 진행자에 의해 평평하게 다듬어지고 모두가 동의하는 지점으로 하향 조정된다. 이처럼 자발적인 일차적 감시는 첩보 기관에 의한 외적이고 이차적인 감시보다 훨씬 더 심각한 문제를 낳는다.

신자유주의는 시민을 소비자로 만든다. 시민의 자유는 소비자의 수동성으로 대체된다. 오늘날 소비자가 된 유권자는 정치에 대한 진정한 관심이 없다. 즉 적극적으로 공동체를 형성해가고자 하는 의욕이 없는 것이다. 그는 공동의 정치적 행동을 할 의지도 능력도 없다. 그는 궁시렁궁시렁 불평하면서 정치에 수동적으로 반응할 따름이다. 그는 마음에

들지 않는 상품이나 서비스에 대해 불만을 늘어놓는 소비자와 똑같다. 정치가와 정당 역시 이러한 소비의 논리를 따른다. 그들은 "납품"의 의무를 지닌다. 그들은 유권자 고객에게 만족스러운 상품을 제공해야 하는 **납품업자**로 전락한다.

오늘날 사람들이 정치가에게 요구하는 **투명성**은 정치적 요구와는 아무런 관계도 없다. 이때 요구되는 것은 **정치적 결정** 과정의 투명성이 아니다. 소비자는 그런 것에는 전혀 관심이 없다. 투명성의 명령은 무엇보다도 정치가를 벌거벗기고 폭로하고 추문 속으로 몰아가는 데 기여할 뿐이다. 투명성의 요구는 추문을 즐기는 구경꾼의 위치를 전제한다. 그것은 참여하는 시민의 요구가 아니라 수동적인 구경꾼의 요구다. 참여는 고객 불만 신고, 환불 요청과 같은 형식으로 이루어진다. 구경꾼과 소비자 들이 거주하는 투명사회는 **구경꾼 민주주의**를 수립한다.

정보에 대한 자기 결정권은 자유의 본질적 부분이다. 1984년 독일 연방헌법재판소가 인구조사와 관련하여 내린 유명한 판결도 그 점을 지적하고 있다. "정보에 대한 자기 결정의 권리는 시민이 자신에 대하여 누가 무엇을 언제 어떤 기회에 알게 되는지 더 이상 알 수 없는 사회 질서, 그리고 그것을 가능하게 하는 법질서와 양립할 수 없다." 하지만 이러한 판결문은 시민이 자신의 의사에 반하여 정보를 빼내는 국가라는 지배 기구와 대적할 수 있다고 믿던 시대의 산물이다. 그런 시대는 오래전에 끝났다. 오늘날 우리는 누구의 강요나 명령도 받지 않고 자발적으로 스스로를 노출한다. 우리는 자발적으로 우리 자신에 관한 온갖 데이터와 정보를 웹에 올린다. 누가 무엇을 언제 어떤 기회에 알게 될지 알지 못한 채. 이러한 통제 불능의 상태는 심각하게 받아들이지 않으면 안 될 자유의 위기에 대한 증거다. 사람들이 자발적으로 주위에 뿌리는 수많은 개인 정보 앞에서는 개인 정보 보호라는 관념 자체가 무색해진다.

우리는 오늘날 디지털 심리정치의 시대로 들어가고 있다. 디지털 심리정치는 수동적 감시의 단계에서 능동적 조종의 단계로 전진하는 중이며, 이로써 우리를 더 깊은 자유의 위기 속으로 빠뜨린다. 자유 의지 자체가 위기에 빠진다. 빅데이터는 사회적 커뮤니케이션의 동력학에 대한 포괄적인 지식을 획득하는 데 매우 효과적인 심리정치적 도구다. 이러한 지식은 **지배를 위한 지식**으로서, 이를 통해 개인의 심리 속에 파고들어 반성 이전의 층위에 영향을 미치는 것이 가능해진다.

미래가 열려 있다는 것은 행동의 자유를 구성하는 본질적 요인이다. 그러나 빅데이터는 인간 행동에 대한 예측을 가능하게 한다. 이로써 미래는 계산하고 조종할 수 있는 대상이 된다. 디지털 심리정치는 자유로운 결정의 부정성을 사실관계의 긍정성으로 탈바꿈시킨다. 인간 자체가 긍정화되어 양화하고 측정하고 조종할 수 있는 **사물**이 된다. 사물은 자유롭지 않지만, 어쨌든 인간보다 더 **투명하다**. 빅데이터는 인간의 종언, 자유 의지의 종언을 선포한다.

모든 명령 체계, 모든 지배의 기술은 피지배자를 예속시키기 위한 고유한 성물Devotionalie을 만들어낸다. 성물은 지배 관계의 **물질화**로서 지배 관계를 공고히 하는 데 기여한다. 성물은 곧 **예속됨**Devot을 의미하는 것이다. 스마트폰은 일종의 디지털 성물이다. 아니, 디지털 **성물**이 곧 스마트폰이다. 스마트폰은 묵주처럼 예속화의 도구로 기능한다. 묵주 또한 손에 쥘 수 있는 물건으로서 일종의 휴대용 기기〔Handy, 독일어에서 핸디는 휴대폰을 뜻한다──옮긴이〕라고 할 수 있을 것이다. 스마트폰과 묵주는 모두 자기 검열과 자기 통제에 사용된다. 지배는 감시 업무를 개개인에게 떠

넘김으로써 효율성을 제고한다. 좋아요는 디지털 아멘이다. 우리는 좋아요를 클릭하는 순간 스스로 지배에 예속되는 것이다. 스마트폰은 효과적인 감시 도구일 뿐만 아니라, 모바일 고해실이기도 하다. 페이스북은 디지털 교회, 글로벌한 디지털 시나고그〔Synagoge, 유대교 예배당으로 본래 집회를 의미한다——옮긴이〕이다.

스마트 권력

권력은 매우 다양한 형태로 현현한다. 가장 직접적 형태의 권력은 자유의 부정으로 나타난다. 이때 권력자는 심지어 폭력을 동원해서라도 권력에 예속된 자의 의지에 반하여 자신의 의지를 관철할 수 있다. 그러나 저항을 분쇄하고 복종을 강요하는 것만이 권력은 아니다. 권력이 반드시 강제의 형식을 취한다고 할 수는 없다. 폭력에 의존하는 권력은 최고의 권력이 아니다. 제압해야 할 반대 의지가 형성되어 권력자와 충돌한다는 사실 자체가 권력의 취약성을 증명한다. 권력 자체가 아예 화제조차 되지 않는 때야말로 권력은 어떤 의심도 받지 않은 채 유지되고 있다고 말할 수 있다. 권력은 크면 클수록 더 **조용히** 작동한다. 그런 권력은 떠들

썩하게 자기를 과시하지 않고 **자연스럽게 작용한다.**

물론 권력은 폭력이나 억압의 형태로 구현될 수 있다. 하지만 그것이 권력의 기반일 수는 없다. 권력이 반드시 배제하고 금지하고 검열하는 방식으로 작동하는 것은 아니다. 따라서 권력을 자유와 대립하는 것으로 파악해서는 안 될 것이다. 권력은 심지어 자유를 이용할 수도 있다. 부정적 형태의 권력만이 의지를 꺾고 자유를 부정하는 폭력, 안 된다고 말하는 폭력으로 발현된다. 오늘날 권력은 점점 더 허**용적 형식**을 취해간다. 너그럽게 허용하는 친절한 권력은 부정성을 벗어버리고 자유의 모습으로 다가온다.

규율 권력은 여전히 전적으로 부정성의 영향 속에 있다. 그것은 허용이 아니라 금지의 형태로 구현된다. 규율 권력은 이러한 부정성으로 인해 신자유주의 지배 질서를 기술하는 데는 전혀 적합하지 않다. 신자유주의 지배 질서는 긍정성의 빛을 발산한다. 신자유주의적 권력의 기술은 섬세하고 유연하며 스마트한 형태를 취하며, 결국 사람들의 시야에서 완전히 사라져버린다. 예속된 주체는 자신이 예속되어 있다는 사실조차 의식하지 못한다. 예속된 주체에게 지배 관계는 완전히 감추어져 있다. 그래서 그는 자유롭다고 착각한다.

규율 권력은 비효율적이다. 사람들을 명령과 금지의 코르셋 속에 폭력적으로 욱여넣기 위해 막대한 힘을 소모하기 때문이다. 그보다는 사람들로 하여금 **자발적으로** 지배 관계에 들어오도록 유도하는 권력의 기술이 훨씬 더 효율적이다. 그것은 가로막고 억누르는 대신 사람들을 더 활발하게 하고 더 자극하고, 가능한 한 최상의 상태로 만들고자 한다. 그러한 권력 기술의 효율성은 금지와 박탈이 아니라 호감과 충족을 통해 작동하는 데서 나온다. 신자유주의적 권력 기술의 목표는 인간을 **온순하게** 만드는 것이 아니라 **의존적으로** 만드는 것이다.

친절한 스마트 권력은 예속된 주체의 의지에 정면으로 반하기보다는 그들의 의지를 자신에게 유리한 방향으로 조종한다. 그것은 안 된다고 말하기보다 그러라고 말하는 권력이며, 억압적이기보다 유혹적인 권력이다. 그것은 긍정적 감정을 불러일으키고 그것을 착취하려고 애쓴다. 그것은 금지하는 대신 **유혹한다.** 그것은 주체와 대적하는 대신 주체의 욕구에 부응한다.

스마트 권력은 심리를 훈육하거나 강제와 금지의 굴레에 묶어두지 않고, 오히려 심리에 착 감겨온다. 그것은 우리에게 침묵을 강요하지 않는다. 오히려 털어놓으라고, 함께 나누라고, 참여하라고, 우리의 의견, 욕망, 소원, 선호를 전달하고 우리의 삶에 대해 이야기하라고 끊임없이 자극한다. 이처럼 친절한 권력은 억압적 권력보다 더 막강하다. 이때 권력은 우리의 시야에서 완전히 벗어난다. 오늘날 자유의 위기는 자유를 부정하고 억압하기보다 자유를 착취하는 권력을 상대해야 한다는 데서 비롯된다. 자유로운 결정은 미리 정해져 있는 가능성들에 대한 선택으로 전락한다.

자유분방하고 친절한 모습으로 자극하고 유혹하는 스마트 권력은 명령하고 위협하고 규제하는 권력보다 더 큰 영향력을 발휘한다. 좋아요 버튼은 스마트 권력의 인장이다. 사람들은 소비하고 소통하면서, 즉 좋아요 버튼을 누르면서, 스스로를 지배 관계 속에 빠뜨린다. 신자유주의는 좋아요-자본주의다. 그런 의미에서 신자유주의는 강제와 금지를 통해 작동하던 19세기 자본주의와 근본적으로 다르다.

스마트 권력은 우리의 의식적, 무의식적 사고를 읽고 분석한다. 그것은 우리들이 자발적으로 스스로를 조직화하고 최적화하도록 유도한다. 따라서 권력이 제압해야 할 저항 자체가 발생하지 않는다. 이러한 지배는 큰 힘을 소모할 필요도 없고 폭력을 행사하지도 않는다. 지배는 그냥 저절로 이루어진다. 스마트 권력은 호감을 사고 의존하게 만듦으로써 지배하려고 한다. 다음과 같은 경고 문구는 좋아요-자본주의의 특성을 잘 보여준다. 내가 원하는 것에서 나를 지켜줘.

두더지와 뱀

규율사회는 다양한 감금 지대와 시설로 이루어진다. 가족, 학교, 감옥, 병영, 병원, 공장은 가두어두는 규율의 공간이다. 규율에 길들여진 주체는 하나의 감금 지대에서 또 다른 감금 지대로 이동해간다. 그는 **폐쇄적 시스템** 속에서 움직인다. 감금 지대 속의 수감자들은 저마다 일정한 공간과 시간 속에 배치되어 있다. 규율사회의 동물은 **두더지**다.

「통제사회에 대한 추기」에서 들뢰즈Gilles Deleuze는 모든 감금 지대가 전반적 위기에 직면해 있다고 지적한다.[6] 문제는 감금 지대가 폐쇄적이고 경직되어 있어서 후기 산업 시대의 비물질적이며 네트워크화된 생산 형식에 적응하지 못한다는 데 있다. 새로운 생산 형식은 경계를 허물고 개방할 것을 강력하게 요구한다. 하지만 두더지는 개방을 견디지 못한다. 이제 두더지의 자리를 뱀이 대신한다. 뱀은 규율사회의 뒤를 이은 신자유주의적 통제사회의 동물이다. 두더지와 달리 뱀은 닫힌 공간 속에서 움직이지 않는다. **뱀은 오히려 움직임을 통해 공간을 열어간다.** 두더지는 노동자다. 반면 뱀은 경영자다. 뱀은 신자유주의 체제의 동물이다.

두더지는 이미 구축되어 있는 공간에서 움직이며 이로써 공간적 제약에 구애받게 된다. 두더지는 **예속된 주체**다. 뱀은 움직임으로써 비로소 공간을 창출한다는 점에서 **프로젝트**다. 하지만 두더지에서 뱀으로의 이행, 서브젝트에서 프로젝트로의 이행으로 완전히 새로운 삶의 형식이 시작되는 것은 아니며, 그저 동일한 자본주의의 변이체, 더욱 첨예화된 자본주의가 등장할 뿐이다. 일정한 공간에 갇힌 두더지의 운동은 곧 생산성의 한계에 도달한다. 두더지가 규율에 따라 성실하게 노동한다고 해도 일정한 수준 이상의 생산성을 올리지는 못한다. 뱀은 새로운 운동 형식을 통해 이러한 제약을 극복한다. 자본주의 시스템은 생산성을 더 높이기 위해 두더지 모델에서 뱀 모델로 전환한다.

규율 체제는 들뢰즈에 따르면 마치 "몸"처럼 조직되어 있다. 그것은 생정치의 체제다. 반면 신자유주의 체제는 마치 "영혼"과 같은 양상을 보인다.[7] 따라서 심리정치가 이 체제의 통치 형식이 된다. 그것은 "회피할 수 없는 경쟁을 끊임없이 확산시킨다." 이로써 "유익한 승부욕과 탁월한 행위 동기"가 촉발된다는 것이다. 모티베이션, 프로젝트, 경쟁, 최적화, 자발성은 모두 신자유주의 체제의 심리정치적 통치술에 속한다. 뱀은 무엇보다도 죄, 즉 신자유주의 체제가 지배 수단으로 사용하는 채무를 상징한다.

생정치

푸코Michel Foucault에 따르면 17세기부터 이미 권력은 신과 같은 군주가 휘두르는 죽음의 권력이 아니라 규율 권력이 된다. 군주의 권력은 칼의 권력이다. 그것은 죽음의 위협으로 군림한다. 그것은 "생명을 손아귀에 쥐고 제거해버릴 수 있는 특권"[8]을 누린다. 반면 규율 권력은 죽음의 권력이 아니라 삶의 권력이다. 그것의 기능은 죽이는 것이 아니라 삶의 완벽한 관철에 있다.[9] 오랫동안 막강한 위력을 발휘해온 죽음의 위협은 "몸의 세심한 관리"와 "계산적인 계획"으로 대체된다.[10]

군주의 권력에서 규율 권력으로의 이행은 생산 형식의 변화, 즉 농업 생산에서 산업 생산으로의 변화에 기인한다.

산업화의 진전은 몸을 훈육하고 기계 생산에 적응시킬 필요성을 낳는다. 규율 권력은 몸을 고문하는 대신 규범 체계 속에 묶어둔다. 철저히 계산된 강제가 신체의 모든 부분을 관통하여 몸 속에 자동화된 습관으로까지 새겨진다. 그리하여 몸은 생산 기계로 정비된다. "잘 조율된 정형술"[11]이 "무형의 반죽"에서 "기계"를 만들어낸다. 규율은 "신체 활동을 정교하게 통제하고 그 힘을 지속적으로 종속시키는 방법, 그것을 빠릿빠릿하게/쓸모 있게 만드는 방법이다."[12]

규율 권력은 표준화하는 권력이다. 그것은 주체를 규범, 명령, 금지의 체계에 예속시키고, 일탈적이거나 비정상적인 요소를 제거한다. 바로 이러한 조련Abrichtung의 부정적 성격이 규율 권력의 본질적 요소다. 그 점에서 규율 권력은 군주의 권력과 인접 관계에 있다. 군주 권력도 부정성을 기반으로 하기 때문이다. 군주 권력의 부정성은 솎아내는 부정성이다. 군주의 권력도 규율 권력도 타자 착취를 수행한다. 양자 모두 복종하는 주체를 만들어낸다.

규율 권력이 구사하는 훈육의 기술은 신체적인 차원을 넘어서 정신적인 영역에까지 파고든다. 영어 단어 "industry"에는 근면이라는 의미도 있는 것이다. "Industrial School"

은 비행 청소년의 교화 기관이다. 벤담 또한 파놉티콘이 수감자들의 도덕적 개선을 가져올 것이라고 주장한다. 하지만 심리Psyche는 아직 규율 권력의 초점에 놓여 있지 않다. 규율 권력이 구사하는 정형외과적 기술은 심리의 심층과 그 속에 숨어 있는 소망과 욕구, 갈망에까지 파고들어가 이를 좌지우지하기에는 너무 조악하다. 벤담의 빅브라더도 파놉티콘의 수감자들을 외적으로 관찰할 뿐이다. 벤담의 파놉티콘은 시각 매체에 의존한다. 파놉티콘은 내면의 생각이나 욕구를 들여다보지 못한다.

규율 권력은 "인구"를 발견한다. 인구는 생산 및 재생산을 하는 무리로서, 세심하게 관리해야 할 대상이다. 여기에 생정치의 과업이 있다. 생정치는 번식, 출생률과 사망률, 건강 상태, 기대 수명 등을 규제하고 점검한다. 푸코도 명시적으로 "인구의 생정치"[13]라는 표현을 사용한다. 생정치는 규율사회의 통치술이다. 하지만 그것은 심리를 착취하는 신자유주의 체제에는 전혀 적합하지 않다. 인구 통계를 활용하는 생정치는 심리적 영역 안으로 들어가지 못한다. 인구 통계는 주민의 심리 지도 작성을 위한 자료를 제공하지 않는다. 인구 통계는 심리 기록이 아니다. 그것은 심리의 비밀을 밝혀주지 않는다. 그 점에서 통계는 빅데이터와 구별된다. 빅데이터는 개인의 심리 지도뿐만 아니라 집단적 심리 지도, 더 나아가 무의식의 심리 지도까지도 작성할 수 있게 해준다. 이로써 심리를 무의식의 영역에 이르기까지 훤히 비추고 착취하는 것이 가능해진다.

푸코의 딜레마

『감시와 처벌』 이후 푸코는 규율사회가 현 시대를 반영하지 못한다는 점을 깨달았던 듯하다. 그리하여 그는 1970년대 후반에 신자유주의적 통치 형식의 분석을 시도한다. 하지만 문제는 그가 이때도 여전히 인구 개념과 생정치 개념을 고수하려 한다는 데 있다. "그러므로 자유주의라고 불리는 통치 시스템이 무엇인지를 이해했다면, 생정치가 무엇인지도 이해할 수 있을 것입니다."[14] 이후 강의에서 푸코는 더 이상 생정치 개념을 언급하지 않는다. 인구에 관한 언급도 찾아볼 수 없다. 당시 푸코는 전형적인 규율사회의 범주인 생정치와 인구가 신자유주의 체제를 기술하는 데는 부적당하다는 것을 뚜렷이 인식하지 못한 듯하다. 그리하여 심리정

치로의 방향 전환이 필요한 시점에서 푸코는 이를 실행하지 못한 것이다.[15]

1978/79년의 강의에서 신자유주의적 생정치에 대한 분석은 이루어지지 못한다. 푸코는 심지어 자기 비판적인 어조로 이 점을 지적하기까지 한다. 진짜 문제가 어디에 있는지는 인식하지 못한 채. "그럼에도 불구하고 여러분에게 분명히 말씀드리고 싶은 것은 이 강의를 시작할 때 생정치에 대해 이야기하려고 생각했다는 사실입니다. 그런데 지금 강의가 이렇게 진행되고 보니, 결국은 신자유주의에 대해 길게, 어쩌면 너무 길게 얘기하고 말았군요. 〔……〕"[16]

아감벤Giorgio Agamben은 『호모 사케르』 서문에서 다음과 같이 추측한다. "푸코는 생정치의 모든 함의를 펼쳐 보이기 전에 죽음을 맞이했다. 그리하여 그가 어떤 방향으로 연구를 심화해갔을지도 알 수 없게 되었다."[17] 아감벤의 추측과는 달리 푸코가 때 이른 죽음으로 인해 놓친 것이 있다면 생정치 개념에 대해 재고하고 이를 신자유주의적인 심리정치로 대체할 수 있는 기회였다고 해야 할 것이다. 지배에 대한 아감벤 자신의 분석도 신자유주의 체제의 권력 기술에 대한 이해에 기여하지 못한다. 오늘날의 **호모 사케르**는 더 이상 시스템에서 배제된 자가 아니라 **시스템에 갇힌 자**다.

푸코는 생정치를 명시적으로 자본주의의 규율적 형식과 연관짓는다. 여기서 **몸**은 생산의 형식으로서 사회화된다. "자본주의 사회에서 무엇보다도 중요한 것은 생정치다. 생물학적인 것, 신체적인 것, 몸이 중요하다."[18] 생정치는 근본적으로 생물학적인 것, 신체적인 것과 관련되어 있다. 그것은 결국 아주 넓은 의미에서 **신체**의 정치다.

신자유주의는 자본주의의 진화가 도달한 새로운 단계의 형태, 즉 자본주의의 또 다른 변이체로서, 그것의 일차적 관심사는 "생물학적인 것, 신체적인 것"이 아니다. 신자유주의는 오히려 **심리**에서 생산력을 발견한다. 이러한 **심리**와 **심리정치로의 전환**은 현대 자본주의의 생산 형식과도 긴밀한 관계가 있다. 오늘날 자본주의를 규정하는 것은 비물질적이고 비육체적인 생산 형식이다. 여기서는 사물적인 대상이 아니라 정보와 프로그램 같은 비사물적 대상이 주로 생산되며, 생정치적 규율사회에서와는 달리 몸이 더 이상 생산력의 중심적 위치에 서지 못한다. 생산성 향상을 위해서는 신체적 저항의 극복이 아니라 심리적, 정신적 과정의 **최적화**가 요구된다. 신체의 훈육은 정신의 최적화로 대체된다. 그러므로 신경 향상 요법Neuro-Enhancement은 정신의학적 훈육 기술과 근본적으로 구별된다.

오늘날 몸은 직접적인 생산 과정에서 해방되어 미적인 또는 건강 기술적인 최적화의 대상이 된다. 몸은 **정형외과의** 침상에서 **성형외과의** 침상으로 자리를 옮긴다. 오늘날의 생산 과정에서 푸코의 "빠릿빠릿한 몸"이 차지할 수 있는 자리는 없다. 훈육적인 정형의학은 성형외과와 피트니스 센터에 밀려난다. 그런데 몸의 최적화는 단순한 **미용** 차원에서 이루어지는 활동 이상의 의미를 지닌다. 섹스니스sexness와 피트니스fitness는 증식시키고 상품화하고 착취해야 할 새로운 경제적 자원으로 떠오른다.

베르나르 스티글레르Bernard Stiegler는 생권력이라는 푸코의 개념이 우리 시대에 적합하지 않다는 것을 올바르게 인식한다. "나는 푸코가 역사적으로나 지리적으로, 무엇보다도 유럽과 관련하여 대단히 설득력 있게 기술한 **생권력**이 우리 시대를 규정하는 권력과는 **일치하지 않는다**는 인상을 받는다."[19] 스티글레르에 따르면, 생권력의 자리를 물려받은 것은 "심리 권력의 심리 기술"이다. 그가 말하는 심리 기술이란 텔레비전과 같이 사람들을 충동에 조종되는 미숙한 소비

동물로 만들어 결국 대중의 퇴행을 초래하는 "원격 지배적" "프로그램 산업"을 말한다. 그는 이러한 심리 기술을 쓰기와 읽기의 기술에 대비시킨다. 문자 매체는 스티글레르에 따르면 계몽을 의미한다. 그는 칸트Immanuel Kant의 권위에 의지한다. "칸트도 결국 읽기와 쓰기라는 장치가 성숙의 토대라고 본다."[20]

문제는 스티글레르가 텔레비전을 지나치게 중시한다는 점이다. 그는 텔레비전을 심리 기술의 거의 유일한 도구로 격상시킨다. "이제는 라디오, 인터넷, 휴대폰, 아이팟, 컴퓨터, 비디오게임, PDA도 우리의 주의를 끌기 위해 경쟁하고 있지만, 정보의 유입 과정을 지배하는 것은 예나 지금이나 텔레비전일 것이다."[21] 텔레비전을 읽기/쓰기와 대립시키는 것은 낡은 문화 비판적 도식에 지나지 않는다. 이러한 도식으로는 디지털 혁명의 의미를 제대로 이해할 수 없다. 참으로 이상하게도 스티글레르는 전통적 매스미디어와 근본적으로 구별되는 인터넷, 소셜미디어 등의 본격 디지털 매체와 그 커뮤니케이션 구조에 대해 아무런 논의도 펼치지 않으며, 디지털 네트워크의 파놉티콘적 구조에도 거의 주목하지 않는다. 그 결과 그는 디지털 기술에 엄청나게 의존하는 신자유주의적 심리정치를 파악하는 데 완전히 실패하고 만다.

1980년대 초에 푸코는 "자아 기술"에 관심을 돌린다. 푸코가 말하는 자아 기술이란 "사람들이 자신의 행동 규칙을 공고히 하기 위해서뿐만 아니라, 스스로를 변모시키고 자신의 특수한 존재에 수정을 가하며 자신의 삶을 일정한 미적 가치와 일정 수준의 스타일을 갖춘 작품으로 만들기 위해서 수행"하는 "의식적이고 의욕적인 실천"[22]을 의미한다. 푸코는 역사적 시각에 바탕을 둔, 하지만 권력과 지배의 기술과는 대체로 무관한 자아의 윤리학을 전개한다. 그래서 사람들은 흔히 푸코가 이때부터 권력과 지배 기술에 저항하는 자아의 윤리학에 몰두하기 시작했다고 본다. 푸코도 자신의 관심이 권력 기술에서 자아의 기술로 이동했음을 분명히 밝히고 있다. "나는 지금까지 권력과 지배 기술의 중요성을 지나치게 강조했는지도 모르겠습니다. 지금은 자아와 타자의 상호작용, 개인의 자기 제어 기술, 개인이 자기 자신에게 작용하는 형식의 변천사, 자아의 기술에 대한 관심이 점점 커지고 있습니다."[23]

신자유주의 체제의 권력 기술은 푸코의 권력 분석에서 맹점으로 남아 있다. 푸코는 신자유주의적 지배 체제가 자아의 기술을 완전히 포섭했다는 것, 신자유주의적 자아 기술이라고 할 수 있는 자아의 부단한 최적화가 지배와 착취의 효율적 형식이라는 것을 인식하지 못한다.[24] 신자유주의적 성과주체는 "자기 자신의 경영자"[25]로서 스스로를 자발적으로, 열정적으로 착취한다. 예술작품으로서의 자아는 아름다운, 하지만 기만적인 가상이다. 그러한 가상은 자아를 완벽하게 착취하려는 신자유주의 체제에 의해 유지되고 있을 뿐이다.

신자유주의 체제의 권력 기술은 섬세한 형식을 취한다. 그것은 직접적으로 개인을 예속시키지 않는다. 개인이 자발적인 자기 제어를 통해 지배 관계를 자신의 내면에 전사轉寫하도록 유도한다. 개개인은 이렇게 내면에 전사된 지배 관계를 자유로 해석하게 된다. 여기서 자아의 최적화와 복종, 자유와 착취는 하나가 된다. 자기 착취라는 형식으로 자유와 착취를 결합시키는 이러한 권력 기술은 푸코의 시야 너머에 있다.

힐링 혹은 킬링

신자유주의적 심리정치는 점점 더 세련된 자기 착취의 형식을 고안해낸다. 수많은 자기 관리 워크숍, 모티베이션 주말 워크숍, 인성 세미나, 멘탈 트레이닝 등이 끝없는 자아 최적화와 효율성 향상을 약속한다. 이러한 행사들은 우리의 노동 시간뿐만 아니라 우리의 인격 전체, 우리의 모든 관심, 우리의 삶 자체를 착취하려고 노리는 신자유주의적 통치술에 조종된다. 신자유주의적 통치술은 인간을 발견하고 그 자체를 착취 대상으로 삼는다.

자아를 최적화하라는 신자유주의의 명령은 시스템 내에서 완벽하게 기능하라는 명령에 지나지 않는다. 효율성과 성과의 제고를 위해 심리적 억압, 약점, 실수 같은 것은 치료를 통해 제거되어야 한다. 그러면서 모든 것이 비교 가능하고 측정 가능한 것으로 환원되고 시장의 논리에 종속된다. 자아의 최적화를 추동하는 것은 좋은 삶에 대한 관심이 아니다. 자아 최적화의 필요성은 시스템의 강제, 즉 양화 가능한 성공을 요구하는 시장 논리에서 유래한다.

군주의 시대는 재화와 노역을 빼앗고 가로채는 착복의 시대다. 군주의 권력은 무엇보다도 처분권과 압류권으로 나타난다. 반면 규율사회는 생산에 중점이 놓여 있다. 규율사회의 시대는 적극적인 산업적 가치 창출의 시대다. 이러한 실물 가치 창출의 시대는 이미 지나가버렸다. 오늘날의 금융자본주의에서는 심지어 가치의 극단적인 파괴가 진행되고 있다. 신자유주의 체제와 함께 소진의 시대가 개막된다. 이제는 심리가 착취의 대상이 된다. 그리하여 새로운 시대는 우울증이나 소진증후군 같은 심리적 질병을 함께 가져온다.

미국의 자기계발서에서 통용되는 마법의 주문은 힐링이다. 힐링이란 효율과 성과의 이름으로 모든 기능적 약점, 모든 정신적 억압을 **치료를 통해 깨끗이** 제거함으로써 자아의 최적화를 이룬다는 것을 의미한다. 시스템의 최적화와 완전히 부합하는 부단한 자아 최적화는 파괴적이다. 그것은 결국 정신의 붕괴로 끝나고 만다. 자아 최적화는 완벽한 자아의 착취에 지나지 않음이 드러난다.

신자유주의의 자아 최적화 이데올로기는 종교적, 광신적 특징을 나타낸다. 그것은 새로운 형식의 예속화다. 자아를 대상으로 하는 끝없는 노력은 종교적 지배와 예속화의 기술인 프로테스탄트적 자기 성찰과 자기 검열을 닮아간다. 이제는 수색 대상이 죄가 아니라 부정적인 사고라는 점이 다를 뿐이다. 자아는 또다시 자기 자신이라는 적과 씨름한다. 오늘날 개신교 교회의 목사는 마치 매니저나 모티베이션 트레이너처럼 활동하면서 무한한 성과와 자아 최적화의 복음을 설교한다.

사람의 인격을 긍정성의 강제 속에 완전히 묶어두는 것은 불가능하다. 부정성이 없다면 삶은 "죽은 존재"[26]로 쭈그러들 것이다. 부정성은 삶을 생동하게 한다. 고통은 경험의 본질적 부분을 이룬다. 삶이 순전히 긍정적 감정과 플로우(몰입) 경험[27]만으로 이루어진다면, 그것은 인간적 삶이 아닐 것이다. 인간의 영혼에 깊은 긴장을 선사하는 것은 바로 부정성이다. "저 불행에 빠진 영혼의 긴장, 그 긴장이 영혼에 심어주는 강인함 〔……〕 불행을 견디고, 버티고, 해석하고, 이용하는 영혼의 창의성과 용기, 그리고 예로부터 비밀, 가면, 정신, 계략, 위대함으로부터 영혼에 선사된 것—그것을 영혼은 괴로움 속에서, 엄청난 괴로움의 훈육 속에서 선사받지 않았던가?"[28]

끝없는 최적화의 명령은 고통마저 착취한다. 미국의 유명한 모티베이션 트레이너인 앤서니 로빈스Anthony Robbins는 다음과 같이 말한다. "CANI 원칙을 꼭 지켜라! Constant Never Ending Improvement. 부단히, 끝없이 개선할 것! 부단히 끝없이 더 나아지고 싶다는 소망, 모든 인간이 느끼는 소망을 솔직히 인정하라. 불만족, 긴장으로 인한 일시적인 컨디션 난조에서 생겨나는 스트레스가 다시 힘을 만들어낸다. 이것은 당신이 삶 속에서 **필요로** 하는 종류의 고통이다."[29] 그러니까 오직 최적화라는 목적의 관점에서 이용 가능한 고통만이 용인되는 것이다.

긍정성의 폭력은 부정성의 폭력만큼이나 파괴적이다.[30] 신자유주의적 심리정치는 의식意識 산업을 활성화하며 이로써 결코 긍정 기계일 수 없는 인간의 영혼을 파괴한다. 신자유주의 체제의 주체는 자아 최적화의 명령, 즉 더 큰 성과를 위해 끝없이 노력해야 한다는 강제 속에서 몰락해간다. 힐링은 킬링으로 귀결된다.

음모론적인 구상을 바탕으로 하는 나오미 클라인Naomi Klein의 책 『쇼크 독트린』에서 첫번째로 등장하는 주인공은 "쇼크 박사," 즉 몬트리올의 정신과의사인 이웬 카메론Ewen Cameron 박사를 말한다. 그는 쇼크를 줌으로써 인간의 뇌 속에 들어 있는 나쁜 것을 파괴하고 지워버릴 수 있으며, 그렇게 해서 만들어진 백지 상태 위에 새로운 인격을 구축할 수 있다고 믿었다. 그는 전기 충격으로 환자들을 혼란 상태에 빠뜨렸다. 그들은 그 토대 위에서 건강한 모범 시민으로 다시 태어날 것이었다. 그는 이런 논리에 따라 자신의 파괴 행위를 일종의 창조로 이해했다. 영혼은 폭력적인 "탈주조"와 "재주조"의 과정 속에 던져진다. 영혼은 이를테면 다시 포맷되어 새롭게 씌어지는 것이다.

카메론은 서로 고립된 여러 개의 방으로 이루어진 파놉티콘을 세우고 그 속에서 극도로 잔혹한 인간 실험을 수행했다. 그것은 일종의 고문실이었다. 환자들에게는 우선 1개월이 넘는 시간 동안 강력한 전기 충격 요법이 시행되었다. 이로써 카메론은 그들의 기억을 지우고, 이와 동시에 의식을 변화시키는 약물을 투여했다. 그들의 손과 팔은 판지로 만든 관 속에 가두어졌는데, 이는 환자들이 손으로 자신의 몸을 만지며 자아의 이미지에 몰두하는 것을 막기 위한 조치였다. 카메론은 더 나아가 약물로 환자들을 장시간 인공 수면에 빠뜨림으로써 외부의 감각적 자극을 수용할 수 없게 만들었고, 식사와 용변을 위해서만 잠에서 깨웠다. 이런 상태가 30일까지 지속되었다. 병원의 담당 인력은 환자들이 말하는 것을 금지했다. 그의 병원은 파놉티콘이었다. 벤담의 파놉티콘보다 훨씬 더 끔찍한.

카메론의 연구는 CIA의 재정 지원을 받아 이루어졌다. 당시는 냉전의 한복판이었고, 열렬한 반공주의자였던 카메론은 이러한 인간 실험을 냉전의 일부라고 믿었다. 그는 환자들을 신문받는 공산 진영의 전쟁 포로와 동일시했다.[31] 그의 실험은 실제로 신문 기법과 유사한 점이 있다. 그것은 냉전 시기의 세뇌 작업과 이데올로기 투쟁의 맥락 속에서 이루어졌다. 그리고 그 바탕에 놓인 생각은 선과 악의 이분법이었다. 악은 깨끗이 지우고 절멸시킨 다음 선으로 대체해야 한다. 타자와 적에 대한 면역학적 방어라는 **부정성**의 원칙이 카메론 실험의 본질이었다. 쇼크 박사 카메론 자신이 바로 **면역학적 시대**의 현상인 것이다. 면역학적 개입의 한 형식인 쇼크는 타자, 이방인, 적에게 가해진다. 쇼크는 타자를 무장해제시키고 그런 상태에서 그의 영혼을 다른 이데올로기, 다른 서사로 재기술한다.

나오미 클라인의 두번째 주인공, 두번째 쇼크 박사는 신자유주의 시장의 신학자 밀턴 프리드먼Milton Friedman이다. 나오미 클라인은 두 쇼크 박사 사이에서 유비 관계를 본다. 밀턴 프리드먼에게 파국 뒤의 사회적 쇼크 상태는 사회를 신자유주의적으로 새롭게 주조할 수 있는 기회, 그야말로 절호의 찬스다. 따라서 신자유주의 체제는 쇼크에 의지하여 작동한다. 쇼크는 영혼을 탈주조하고 깨끗이 비워낸다. 쇼크는 영혼을 무방비 상태로 만든다. 저항력을 상실한 영혼은 급진적인 재프로그래밍 과정에 순순히 복종하게 된다.

사람들은 아직 파국 속에서 마비되고 트라우마에 시달리고 있는 가운데, 신자유주의적 재주조 과정 속에 딸려 들어간다. "카메론의 경우와 마찬가지로 프리드먼이 추구하는 목표도 '자연스러운' 건강 상태, 즉 인간의 개입으로 혼란이 발생하기 전 모든 것이 균형을 유지하고 있던 원초적 상태를 회복한다는 꿈에 바탕을 두고 있다. 카메론이 인간 정신을 원초적인 백지 상태로 돌릴 것을 꿈꾸었다면, 프리드먼의 꿈은 사회를 '탈주조'하여 국가에 의한 규제, 무역 장벽, 고정 금리 같은 교란 요인이 깨끗이 제거된 순수 자본주의의 상태로 되돌리는 것이었다. 카메론과 마찬가지로 프리드먼 역시 경제가 심각하게 왜곡되어 있을 때 이러한 처녀성의 상태에 도달하기 위해서는 오직 고통스러운 충격을 가하는 수밖에 없다고 믿는다. 오직 '쓰디쓴 약'만이 해로운 왜곡과 교란 상태를 극복할 수 있게 해준다."[32]

나오미 클라인은 자신의 쇼크 이론에 눈이 멀어 신자유주의 본연의 심리정치를 보지 못한다. 쇼크 요법은 전형적인 규율 체제의 기술이다. 오직 규율사회에서만 그처럼 폭력적인 정신의학적 수술이 시도될 수 있다. 그것은 생정치적 강제조치 가운데 하나다. 그러한 정신의학적 수술은 정형외과적 성격을 지닌다. 반면 신자유주의적 권력 기술은 규율적 강제를 행사하지 않는다. 전기 쇼크의 작용 방식은 신자유주의적 심리정치와는 근본적으로 다르다. 전기 쇼크의 효과는 심리적 내용의 마비와 제거에 있다. 부정성이 전기 쇼크의 본질적 특징이다. 반면 신자유주의적 심리정치에서 지배적인 것은 긍정성이다. 그것은 부정적 위협 대신 긍정적 자극을 통해 작동한다. 그것은 "쓴 약"이 아니라 좋아요를 주입한다. 그것은 영혼을 충격적으로 흔들어놓고 마비시키기보다 영혼에 아첨한다. 그것은 영혼에 반대하기보다 영혼을 유혹하고 영혼에 호의를 베푼다. 그것은 영혼을 "탈주조"하기보다 영혼이 욕망하는 것, 필요로 하는 것을 세심하게 기록한다. 그것은 예측을 바탕으로 인간 행동에 선수를 친다. 그것은 행동을 가로막는 대신, 행동에 앞서 행동한다. 신자유주의적 심리정치는 억압하기보다는 호감을 사고 욕구를 채워주려고 애쓰는 스마트 정치다.

친절한 빅브라더

"신어新語," 그것은 조지 오웰George Orwell의 소설 『1984』의 감시국가에서 사용되는 이상언어다. 신어는 "구어"를 완전히 몰아낼 것이다. 신어의 유일한 목적은 사고의 자유 공간을 좁히는 데 있다. 매년 어휘의 수는 줄어들고, 이와 함께 의식의 자유 공간도 점점 작아진다. 주인공 윈스턴의 친구인 사임은 단어 파괴의 아름다움에 열광한다. 사상범죄는 특정한 단어를 필요로 하므로, 그런 단어를 신어의 어휘에서 삭제하는 것만으로도 사상범죄는 불가능해질 것이다. 그리하여 자유 개념도 폐기된다. 이 점만 보더라도 오웰의 감시국가는 과도하게 자유를 활용하는 디지털 파놉티콘과 근본적으로 다르다는 것을 알 수 있다. 단어의 소거가 아니라 단어의 증식이 오늘의 정보사회를 특징짓는다.

오웰의 소설을 지배하고 있는 것은 냉전의 정신, 적대 관계의 부정성이다. 오웰의 국가는 항구적 전쟁 상태에 있다. 윈스턴의 애인 줄리아는 매일 런던에 떨어지는 폭탄이 사람들을 공포 속에 잡아두기 위해 빅브라더의 당 스스로 발사한 것이라고 추측하기까지 한다. "인민의 적"의 이름은 임마누엘 골드스타인이다. 그는 정부의 전복을 노리는 지하 반군 네트워크의 지휘관이다. 빅브라더는 골드스타인과 이데올로기 전쟁을 벌인다. "텔레스크린"을 통해 매일 골드스타인에 대해 "2분 증오"를 퍼붓는 시간이 제공된다. "진리부"―그것은 기실 허위부이거니와―에서는 과거를 통제하고 이데올로기에 적합하게 조작한다. 오웰의 감시국가에서 동원되는 심리 기술은 전기 쇼크, 수면 박탈, 독실 감금, 약물 투여, 신체 고문을 통한 세뇌다. "풍요부"(신어로는 풍부)에서는 소비재가 부족하도록 관리한다. 인공적으로 결핍이 생산되는 것이다.

텔레스크린과 고문실을 통해 작동하는 오웰의 감시국가는 무제한적 자유와 커뮤니케이션의 가상이 지배하는 인터넷, 스마트폰, 구글글래스의 디지털 파놉티콘과 근본적으로 다르다. 디지털 파놉티콘에서 사람들은 고문받는 것이 아니라 트윗하고 포스팅한다. "진리부" 같은 비밀스러운 기관은 존재하지 않는다. 투명성과 정보가 진리를 대체한다. 과거의 통제가 아니라 미래의 심리정치적 조종이 권력의 새로운 콘셉트다.

신자유주의 체제의 권력 기술은 금지하고 방지하고 억압하기보다, 내다보고 허용하고 기획한다. 소비는 억제되지 않고 극대화된다. 결핍이 아니라 과잉, 즉 과도한 긍정성이 생성된다. 우리는 커뮤니케이션하고 소비하도록 독려받는다. 오웰의 감시국가에서도 지배적으로 작용하던 부정성의 원리는 오늘날 긍정성의 원리에 자리를 내준다. 욕구는 억압되기보다 더욱 장려되고 활성화된다. 우리는 고문과 협박으로 자백을 강요받는 대신 자발적으로 스스로를 다 털어놓는다. 스마트폰이 고문실을 대신한다. 빅브라더는 이제 친절한 표정으로 다가온다. 빅브라더의 **친절함**이 감시를 대단히 효과적으로 만든다.

벤담의 빅브라더는 보이지는 않지만 수감자들의 머릿속에 편재한다. 그들은 빅브라더를 내면화한다. 반면 디지털 파놉티콘에서는 아무도 감시받거나 협박당한다고 느끼지 않는다. 따라서 "감시국가"라는 용어는 디지털 파놉티콘을 지칭하기에는 부적합하다. 우리는 그 속에서 자유롭다고 느낀다. 그러나 바로 이러한 감정, 오웰의 감시국가에서는 전혀 찾아볼 수 없는 **자유의 감정**이야말로 심각한 문제인 것이다.

디지털 파놉티콘은 수감자들의 자발적인 자기 노출을 활용한다. 자기 착취와 자기 조명은 자유의 착취라는 점에서 동일한 논리를 따른다. 디지털 파놉티콘에는 우리에게서 우리의 의지에 반하여 정보를 강탈해가는 빅브라더가 존재하지 않는다. 오히려 우리는 자발적으로 스스로를 발가벗긴다.

애플의 1984년 수퍼볼 광고는 전설적이다. 여기서 애플은 오웰의 감시국가의 해방자로 등장한다. 의지도 없고 무감각해 보이는 노동자들이 발을 맞추어 거대한 강당에 입장한다. 그들이 텔레스크린으로 빅브라더의 광적인 연설에 귀를 기울이고 있을 때 한 여성 주자가 사상경찰의 추격을 받으며 강당 안으로 뛰어 들어온다. 그녀는 출렁이는 가슴 앞에 커다란 해머를 들고 거침없이 앞으로 나아간다. 그녀는 결연하게 빅브라더에게 다가간다. 그리고 텔레스크린을 향해 해머를 힘껏 던진다. 텔레스크린은 폭발하며 활활 타오른다. 사람들은 무감각 상태에서 깨어난다. 누군가의 목소리가 선포한다. "1월 24일 애플 컴퓨터는 매킨토시를 선보입니다. 이제 왜 1984년이 '1984' 같지 않은지가 밝혀집니다." 애플의 메시지와는 반대로 1984년은 감시국가의 종말이 아니라 새로운 통제사회의 시작을 알리는 해가 되었다. 새로운 통제사회는 효율성의 면에서 오웰의 감시사회를 몇 곱절 능가한다. 커뮤니케이션과 통제는 완전히 하나가 된다. 모두가 자기 자신의 파놉티콘이 된다.

감성 자본주의*

　감정에 대한 얘기가 넘쳐난다. 많은 분과학문에서 감정 연구가 이루어지고 있다. 갑자기 인간은 더 이상 **합리적 동물**이 아니라 감정의 존재라고들 한다. 하지만 감정에 대한 이런 갑작스러운 관심이 어디서 온 것인지는 누구도 묻지 않는다. 감정에 대한 학문적 연구는 자기 자신의 활동에 대한 반성 없이 진행되고 있는 듯하다. 이런 연구에서는 감정의 호황이 무엇보다도 경제적 과정과 연관되어 있다는 사실이

---

* 이 장에서 저자의 논의는 감정과 관련된 세 개의 단어, Gefühl, Emotion, Affekt를 분명히 구별하는 데서 출발한다. 이에 대응하는 적절한 한국어 단어를 찾기는 쉽지 않았는데, 일단 Gefühl은 감정, Emotion은 기분, Affekt는 흥분으로 번역해주었다. 단, Emotion에서 파생된 단어(Emotionalität, emotional)는 감성적, 감성 등으로 번역했다. 이와 아울러 한국어 어감에 맞게 원문을 다소 수정한 부분이 있음을 미리 밝혀둔다──옮긴이.

감추어져 있다. 게다가 총체적인 개념의 혼란으로 감정과 관련된 범주들이 정확한 정의 없이 혼용되고 있다.

감정Gefühl은 기분Emotion이나 흥분Affekt과 동일하지 않다. 우리는 법 감정, 정의 감정, 생활 감정, 민족 감정이라고 말할 수 있지만 법 기분, 정의 기분, 생활 기분, 민족 기분 같은 표현은 성립하지 않는다. 법 흥분, 정의 흥분 역시 있을 수 없다. 이를테면 비애는 감정에 속한다. 비애의 감정이라고 하지 않고, 비애의 기분, 비애의 흥분이라고 한다면, 뭔가 어울리지 않는 느낌이 들 것이다. 기분과 흥분이 모두 뭔가 단순히 주관적인 것만을 나타낸다면, 감정은 일정한 객관성을 띤다.

감정은 이야기를 허용한다. 감정은 서사적 길이와 폭을 지닌다. 흥분이나 기분은 이야기될 수 있는 것이 아니다. 오늘의 연극이 직면하고 있는 감정의 위기는 이야기의 위기이기도 하다. 오늘날 감정을 이야기하는 연극은 소란스러운 흥분의 극장에 밀려나고 있다. 이러한 연극에서는 이야기가 없는 까닭에 거대한 흥분의 덩어리가 무대 위로 방출될 뿐이다. 감정과 달리 흥분은 어떤 공간도 열어주지 않는다. 흥분은 일정한 선로를 찾아 스스로를 분출시키면 그만이다. 디지털 매체 역시 흥분의 매체다. 디지털 커뮤니케이션은 흥분의 즉각적 배설을 용이하게 해준다. 디지털 커뮤니케이션은 그 시간적 특성만으로도 감정보다는 흥분을 더 많이 전달한다. 악플은 흥분의 물결이다. 악플은 디지털 커뮤니케이션의 특징적인 현상이다.

감정은 서술적konstativ이다. 그래서 우리는 세계가 어떠하다는 느낌을 가질 수 있는 것이다. 하지만 세계가 어떠하다는 기분이 될 수는 없다. 기분은 서술적이지 않고 수행적performativ이다. 기분은 행동과 연관되어 있다. 더 나아가 기분은 지향적 성격을 지니며 일정한 목표를 겨냥한다. 반면 감정은 지향적 구조를 이루지 않을 수도 있다. 불안 감정은 종종 아무런 구체적 대상도 전제하지 않으며, 그 점에서 지향적 구조를 바탕으로 하는 공포와 구별된다. 우주적 공감이나 대양적 세계 감정과 같이 특정한 인간을 대상으로 하지 않는 감정도 존재한다. 기분도, 흥분도 감정을 특징짓는 이러한 광대함을 따라가지 못한다. 기분이나 흥분은 모두 주관성의 표현일 뿐이다.

감정은 시간적 특성에 있어서도 기분과는 다르다. 감정은 항구적으로 지속할 수 있다. 기분은 감정보다 훨씬 더 일시적이고 무상하다. 흥분은 종종 한순간에 지나가버린다. 감정과 반대로 기분은 항상적인 상태가 아니다. 기분은 가만히 있지 않는다. 평정의 기분이라는 것은 존재하지 않는다. 반면 평정의 감정은 충분히 상상해볼 만한 것이다. 기분은 역동적이고 상황적이며 수행적이다. 감성 자본주의는 바로 기분의 이러한 속성을 착취한다. 반면 감정은 수행성이 결여된 까닭에 좋은 착취의 대상이 못 된다. 흥분도 수행적이지는 않다. 흥분은 분출적이다. 흥분에는 수행적 방향성이 결여되어 있다.

분위기Stimmung는 감정과도 다르고 기분과도 다르다. 분위기는 심지어 감정보다도 더 객관적이다. 하나의 공간은 객관적으로 이러저러한 분위기를 지닐 수 있다. 분위기는 그러함So-Sein을 표현한다. 반면 기분은 바로 그러함에서의 이탈을 통해 발생한다. 예컨대 어떤 장소가 정겨운 분위기를 퍼뜨릴 수 있다. 이때 분위기란 전적으로 객관적인 것이다. 반면 정겨운 기분이나 정겨운 흥분 같은 것은 존재하지 않는다. 분위기는 지향적이지도, 수행적이지도 않다. 분위기는 사람이 처해 있는 어떤 상태다. 그것은 처해 있음을 의미한다. 기분이 역동적이고 수행적이라면 분위기는 정태적이고 구도적konstellativ이다. 어디에 있음이 아니라 어디로 향함이 기분의 특징이다. 무엇에 대한이 감정의 본질을 이룬다.

에바 일루즈Eva Illouz는 『감정 자본주의』에서 왜 감정이 바로 자본주의 시대에 그토록 호황을 누리는지에 대해 아무런 대답도 제공하지 못한다. 게다가 그녀는 감정과 관련된 개념들을 의미 구별 없이 혼용해서 사용한다. 그녀는 또한 자본주의 시대의 감정에 대한 질문을 초기 자본주의를 향해 던지고 있는데, 그것은 큰 의미가 없다. "베버Max Weber의 『프로테스탄티즘의 윤리와 자본주의 정신』의 그 핵심에는 경제적 행위 속에서 감정Emotionen이 수행하는 역할에 대한 테제가 담겨 있다. 쉼 없는 기업 활동의 중심에는 신의 불가해성에서 촉발된 불안 감정Angstaffekte이 놓여 있기 때문이다〔에바 일루즈는 Gefühl, Emotion, Affekt 등을 거의 동의어로 사용하고 있다. 그래서 일루즈의 인용문에서 이 개념의 번역은 모두 감정으로 통일하고 원어를 병기하도록 한다. 저자는 바로 이러한 혼동을 비판하고 세 개념의 의미를 분명히 구별할 것을 요구하고 있다──옮긴이〕."[33] "Angstaffekt"〔우리의 번역어 선택에 의하면 '불안 흥분'이다──옮긴이〕는 잘못된 개념이다. 불안은 감정Gefühl이다. 불안의 시간 구조는 흥분과 양립할 수 없다. 흥분은 지속적 상태가 아니다. 흥분에는 감정을 특징짓는 항상성이 없다. 항상적인 불안 감정이야말로 쉼 없는 기업 활동의 원인이다. 그리고 베버가 분석하는 자본주의는 금욕적 축적의 자본주의로서 감성보다는 이성의 논리를 따른다. 따라서 이는 기분을 자본으로 삼는 소비자본주의로 연결될 수 없다. 게다가 소비자본주의에서는 의미와 기분이 판매되고 소비된다. 사용가치가 아니라 감성적, 제의적 가치가 소비의 경제에서 본질적 계기를 이룬다. 일루즈는 비물질적 생산의 자본주의에 이르러서야 비로소 기분이 중요성을 획득한다는 점도 고려하지 않는다. 기분이 생산 수단으로 부상한 것은 최근의 일이다.

일루즈는 더 나아가서 뒤르켐Émile Durkheim 사회학의 핵심인 연대Solidarität가 사회적 행위자들을 사회의 중심적 상징에 묶어두는 "한 다발의 감정Emotion"이라고 주장한다. 그녀는 다음과 같이 요약한다. "근대의 고전적 사회학 이론들에는 완성된 감정Emotion의 이론은 아니라 할지라도 온갖 개별 감정Emotion에 관한 생각이 함축적으로 담겨 있다. 불안, 사랑, 허영, 무관심, 죄의식, 이 모든 감정들Emotionen이 근대라는 시대의 성립을 가져온 일련의 단절을 서술하는 대부분의 역사적, 사회학적 이야기 속에 등장한다는 것이다."[34] 다양한 사회학적 이론들이 위에 열거된 "감정Emotion"과 관련되어 있다는 주장은 왜 **오늘날 기분**Emotion의 붐이 일고 있는지를 전혀 설명해주지 못한다. 게다가 일루즈는 감정과 기분, 흥분의 개념을 전혀 구분하지 않고 사용한다. "무관심"과 "죄"는 흥분도 기분도 아니다. 죄의 감정Gefühl이라는 말만이 의미상 적합하다.

일루즈는 오늘날 일고 있는 기분의 호황이 결국 신자유주의에서 비롯된 것임을 인식하지 못하고 있는 듯하다. 신자유주의 체제는 생산성과 성과를 높이기 위해 기분이라는 자원을 동원한다. 규율사회의 매체인 **합리성**은 생산 수준이 일정 단계에 이르면 한계에 봉착한다. 이제 합리성은 강제와 장애로 느껴지기 시작한다. 합리성은 하루아침에 융통성 없는 경직된 매체가 된다. 합리성은 **감성**Emotionalität으로 대체된다. 감성은 자유의 감정, 개성의 자유로운 발산을 동반한다. 자유롭다는 것은 기분 내키는 대로 할 수 있음을 의미한다. 기분의 자본주의, 감성 자본주의는 자유를 이용한다. 기분은 자유로운 주체성의 표현으로서 환영받는다. 신자유주의적 권력의 기술은 바로 이러한 자유로운 주체성을 착취한다.

객관성과 보편성, 항구성은 합리성의 특징이다. 그런 점에서 합리성은 주관적이고 상황적이며 쉽게 증발하는 감성과 대립한다. 기분은 무엇보다도 상태의 변화, 감각의 변화에서 발생한다. 반면 합리성은 지속성, 항구성, 규칙성과 밀접하게 결부되어 있다. 합리성은 안정적인 상황을 선호한다. 신자유주의 경제는 생산성의 향상을 위해 점점 더 연속성을 해체하고 가변적 요소를 도입하면서 생산 과정의 감성화를 촉진한다. 커뮤니케이션의 가속화 역시 커뮤니케이션의 감성화에 유리하게 작용한다. 합리성은 감성보다 느리다. 합리성은 속도가 없다고 해도 과언이 아니다. 따라서 가속화의 압력은 기분의 독재로 귀결된다.

게다가 소비자본주의는 구매를 충동하는 자극을 늘리고더 많은 욕구를 생성하기 위해 기분을 동원한다. 감성 디자인 Emotional Design은 기분을 모델링한다. 즉 소비의 극대화를 위해 표본적 기분을 만들어내는 것이다. 오늘날 우리는 결국 사물이 아니라 기분을 소비한다. 사물은 무한히 소비할수 없지만 기분은 충분히 그럴 수 있다. 기분은 사용가치의 피안에서 전개되어간다. 이로써 새로운 소비의 장이 무한히 펼쳐진다.

인간이 자신의 기능을 제대로 수행하기를 요구하는 규율 사회에서 기분은 오히려 방해 요인으로 간주된다. 기분은 제거되어야 한다. 규율사회의 "조율된 정형술"은 무형의 반 죽을 빚어 감정 없는 기계를 만들어낸다. 기분이나 감정이 완전히 꺼져 있는 기계가 가장 잘 작동하게 마련이다.

오늘날 기분의 호황을 가져온 요인으로는 무엇보다도 새 로운 비물질적 생산 양식을 꼽을 수 있다. 이러한 생산 양 식에서는 의사소통적 상호작용의 중요성이 점점 커져가며, 인식 능력뿐만 아니라 감성적 능력도 중요한 자질로서 요구 된다. 이러한 변화의 결과 인격 전체가 생산 과정 속에 **투입** **된다.** 자동차 회사인 다임러-크라이슬러의 한 선언문에는 다 음과 같이 적혀 있다. "업무 성과의 면에서 태도 역시 중요 한 역할을 하기 때문에 직원의 사회적, 감성적 자질도 업무 능력 평가에서 점점 더 중요한 고려 요인이 된다."[35] 이제 사회적인 것, 커뮤니케이션, 태도 자체가 착취의 대상이 된 다. 기분은 커뮤니케이션을 최적화하기 위해 투입되는 "원 자재"다. 휴렛패커드에서는 뭐라고 하는가? "HP에는 커뮤 니케이션 정신의 바람이 분다. 연결의 정신. 서로 소통하고 서로에게 다가가는 사람들의 기업. 정서적인 관계로 이루어진 기업."[36]

오늘날 기업 경영의 패러다임이 바뀌고 있다. 기분이 점점 더 중요해진다. 합리적 경영의 자리에 감성 경영이 들어선다. 오늘의 경영자는 합리적 행동의 원리와 결별한다. 그는 점점 더 모티베이션 트레이너를 닮아간다. 모티베이션Motivation은 기분Emotion과 결부되어 있다. 두 단어 모두 움직임Motion을 표현한다. 긍정적인 기분은 모티베이션의 강화를 위한 효소가 된다.

기분은 일정한 행위를 촉발한다는 의미에서 수행적이다. 기분은 일정한 행위를 향한 경향으로서, 행위의 에너지 역학적, 감성적 토대를 이룬다. 기분은 대뇌변연계에 의해 조종된다(충동 역시 변연계에 속한다). 기분은 반성 이전의 층위, 행위하는 인간 스스로도 의식하지 못하는 반의식적이며 신체적이고 충동적인 층위에 속한다. 신자유주의적 심리정치는 이러한 반성 이전의 층위에서 행위에 영향력을 행사하기 위해 기분을 장악한다. 심리정치는 기분을 통해 인격 깊숙한 부분에까지 개입한다. 기분은 인격의 심리정치적 조종을 위해 매우 효과적으로 활용할 수 있는 매체가 된다.

게임화

감성 자본주의는 생산성의 증진을 위해 본래는 **노동의 타자**라고 할 수 있는 놀이의 영역마저 점령한다. 감성 자본주의는 삶의 세계와 노동의 세계를 게임화한다. 게임은 노동을 감성화하고 극화하며, 이로써 더 많은 모티베이션을 생성한다. 게임이 제공하는 신속한 성공의 경험과 마찬가지로 신속한 보상 시스템은 더 많은 성과와 착취를 가능하게 한다. 기분이 들떠 있는 게임 플레이어는 합리적으로 기능하는 노동자보다 훨씬 열성적으로 작업에 임한다.

게임은 특별한 시간 구조를 지닌다. 즉각적인 성공과 보상이 게임 시간의 특징이다. 숙성을 위해 오랜 시간을 필요로 하는 일들은 게임화되지 않는다. 오래 걸리는 것, 느린

것은 게임의 시간 구조와 양립할 수 없다. 예컨대 사냥이 게임의 양상을 띤다면, 오랜 숙성과 조용한 성장의 과정에 의존하는 농부의 활동은 결코 게임화할 수 없다. 삶을 완전히 사냥으로 탈바꿈시키는 것은 불가능하다.

노동의 게임화는 **호모 루덴스**를 착취한다. 인간은 이제 놀이하는 가운데 지배의 메커니즘에 예속된다. 오늘날에는 "좋아요" "친구" "팔로워"에서 드러나듯이 사회적 커뮤니케이션도 보상 논리에 따라 게임화되어간다. 커뮤니케이션의 게임화는 커뮤니케이션의 상업화와 동전의 양면을 이룬다. 하지만 그것은 인간적 커뮤니케이션의 파괴를 초래한다.

"어떤 시체가 사회를 지배한다. 그것은 노동의 시체다." 로버트 쿠르츠Robert Kurz를 중심으로 하는 그룹 크리시스 Gruppe Krisis가 작성한 『반노동 선언문』은 이렇게 시작한다. 이 선언문에 따르면, 마이크로 전자 혁명의 영향으로 부의 생산을 위한 인간 노동의 필요성은 점점 더 줄어들었다. 하지만 노동이 점점 더 불필요해지는 우리의 포스트포드주의 시대만큼이나 더 심한 노동사회도 찾아보기 어렵다는 것이다. 선언문은 다른 누구도 아닌 정치적 좌파가 노동을 특히 미화해왔다는 점을 지적한다. 좌파는 노동을 인간의 본질로 치켜세웠을 뿐만 아니라, 자본의 반대 원리로 신화화했다. 좌파에게 추악한 것은 노동 자체가 아니라 자본에 의한 노동의 착취일 뿐이다. 그래서 모든 노동자 정당의 강령은 노동 해방을 내세울 뿐 노동에서의 해방을 얘기하지는 않는다. 하지만 노동과 자본은 동전의 양면이다.

고도로 발달한 생산력에도 불구하고, 여전히 "궁핍과 외적인 목적성에 따른 노동이 사라진" "자유의 왕국"[37]은 오지 않고 있다. 마르크스도 결국 노동 우선의 원칙을 고집한다. 그리하여 "자유 시간의 증가"는 "최대의 생산력"으로서 "노동의 생산력"에 역으로 긍정적 영향을 미쳐야 한다.[38] 이로써 필연성의 왕국은 자유의 왕국을 식민화한다. 마르크스에 따르면 "한가로운 시간은 더 고차원적인 활동을 위한 시간으로서" 그러한 시간을 가진 사람은 그저 일만 하는 주체보다 더 많은 생산력을 지니는 "새로운 주체"로 탈바꿈한다. 자유 시간은 "개인의 완전한 발전을 위한 시간"으로서 "고정 자본의 생산"에 기여한다. 그렇게 지식은 자본이 된다. 한가로운 시간의 증가와 함께, 현대적 표현을 사용한다면, 인적 자본도 증가한다. 목적도 강제도 없는 행위를 가능케 할 한가로움은 자본에 흡수되어버린다. 마르크스는 "인간 자신이 고정 자본이 된다"고 말한다. 인간은 자신의 "일반적 지성"과 함께 자본으로 변신한다. 하지만 진정한 자유는 오직 삶이 자본이라는 새로운 초월성에서 완전히 해방될 때만 성립할 수 있을 것이다. 자본의 초월성은 삶의 내재성으로 들어가는 입구를 가로막고 있다.

마르크스의 가정과는 달리 생산력과 생산 관계의 변증법은 자유로 이어지지 않는다. 그것은 오히려 우리를 새로운 착취 관계 속에 얽어맨다. 이제 우리는 마르크스와 함께 마르크스를 넘어서 사유해야 할 것이다. 자유를, 자유로운 시간을 정말 우리 것으로 만들고자 한다면 말이다. 자유로운 시간은 오직 노동의 타자만이, 생산력이 아닌 다른 힘, 어떤 노동력으로도 전환되지 않을 어떤 힘만이 가져다줄 수 있는 것이다. 즉 생산 형식이 아닌 어떤 삶의 형식, 완전히 비생산적인 어떤 것. 우리의 미래는 우리가 생산의 피안에서 쓸모없는 것의 쓸모를 찾아낼 수 있느냐에 달려 있다.

인간은 사치스러운 존재다. 사치는 본래 소비 행태를 의미하는 말이 아니다. 사치는 오히려 필요와 필연성에서 자유로운 삶의 형식이다. 자유는 일탈, 즉 필연성에서의 이탈〔Luxieren, '발목 따위를 삐다'라는 의미——옮긴이〕에서 시작

74

된다. 사치는 궁지에서 빠져나오려는 의도를 초월한다. 그런데 오늘날 사치는 소비에 흡수되어버렸다. 과도한 소비는 부자유이며, 노동의 부자유에 상응하는 강박이다. 자유로서의 사치는 놀이처럼 오직 노동과 소비의 피안에서만 가능한 것이다. 그렇게 볼 때 사치는 금욕과 가까운 이웃이다.

진정한 행복은 일탈과 방종함, 풍부함, 무의미함, 넘침, 잉여에 있다. 즉 필요, 노동과 성과, 목적에서 벗어나는 것. 하지만 오늘날에는 과잉 자체가 자본에 흡수되어 그 해방의 잠재력을 빼앗기고 말았다. 놀이 또한 사치에 속한다. 단, 그것은 노동과 생산의 과정에서 분리된 것이어야 한다. 생산 수단으로서의 게임화는 놀이의 해방적 잠재력을 파괴한다. 놀이는 사물을 자본의 신학과 목적론에서 해방시켜 사물의 완전히 다른 쓸모를 발견하게 해준다.

언젠가 그리스에서 매우 범상치 않은 사건이 보도된 적이 있다. 그 사건이 범상치 않은 것은 무엇보다도 그것이 오늘날 자본의 멍에에 심각하게 고통받는 나라에서 일어난 일이었기 때문이다. 그것은 뚜렷한 상징성을 띤 사건이었다. 미래에서 온 신호처럼 느껴지는 사건. 아이들이 무너진 집터에서 고액의 지폐 뭉치를 주웠다. 아이들은 그 지폐를 완전히 다른 용도로 사용했다. 그들은 지폐를 가지고 놀다가 찢어버렸던 것이다. 이 아이들은 어쩌면 우리의 미래를 보여주고 있는 것인지도 모른다. 세계는 폐허가 되었다. 이 폐허 속에서 우리는 저 아이들처럼 지폐를 가지고 놀다 찢어버린다.

"세속화"는 신들에게 속하여 인간의 사용이 금지된 물건을 다시 자유롭게 사용할 수 있게 인간에게 되돌려준다는 것을 뜻한다.[39] 그리스의 아이들은 돈을 완전히 다른 용도로, 즉 놀이를 위해 사용함으로써, 돈을 세속화한다. 세속화는 오늘날 너무나 물신화된 돈을 일거에 세속적 장난감으로 변신시킨다.

아감벤은 종교religion를 다시 읽기relegere로 이해한다. 이에 따르면 종교란 주의하고 있다는 것, 바짝 정신 차리고 지켜보고 있다는 것을 의미한다. 즉 신성한 물건들을 지키는 것, 신성한 물건들이 다른 것과 분리되어 있도록 관리하는 것. 격리야말로 종교의 본질적 계기를 이룬다. 세속화는 격리를 유지하려는 주의 깊은 경계심에 반하여 의식적인 부주의의 태도를 실천에 옮기는 것을 의미한다. 그리스의 아이들은 돈에 대해 부주의한 태도를 보였다. 그들은 돈을 그냥 가지고 놀다가 찢어버린 것이다. 이처럼 세속화는 자유의 실천이며, 우리를 초월성에서, 모든 형태의 예속화에서 해방시킨다. 그리하여 세속화는 내재성의 **놀이** 공간을 열어준다.

사유에는 두 가지 형식이 있다. 노동하는 사유와 놀이하는 사유가 그것이다. 헤겔의 사유와 마르크스의 사유를 지배하는 것은 노동의 원칙이다. 하이데거Martin Heidegger의 『존재와 시간』 역시 마찬가지로 노동의 의무에 묶여 있다. "염려Sorge"와 "불안Angst"에 빠져 있는 "현존재Dasein"는 놀지 않는다. 하이데거는 노년에 이르러서야 "느긋함"에 바탕을 둔 놀이를 발견한다. 그는 이제 세계 자체를 놀이로 해석한다. 그는 "거의 예측하지 못했던, 이전에 숙고된 바 없는 놀이 공간의 개방성"을 탐사한다. 하이데거의 "시간-놀이-공간"[40]은 어떤 형태의 노동과도 무관한 시간-공간을 지시한다. 그것은 예속화 수단으로서의 심리학이 완전히 극복된 사건의 공간이다.

빅데이터

콜럼버스의 달걀

벤담은 파놉티콘을 콜럼버스의 달걀에 비유한다. 그것은 훈육 기능을 지닌 모든 감금 시설에 활용할 수 있으며, 수감자들에 대한 매우 효과적인 감시를 가능하게 해준다.[41] 벤담은 파놉티콘이 사회 질서에 극적인 분기점이 될 것이라고 생각한다. "이 원리를 단계적으로 받아들이고, 더 나아가 이를 폭넓은 분야에 적용함에 따라, 결국 문명사회의 모습에 이전에는 상상조차 할 수 없었던 극적 변화가 일어나기 시작한다면, 당신은 무어라 말씀하시겠습니까?"[42]

빅데이터 역시 디지털 통제사회의 '콜럼버스의 달걀'이

될 것인가? 벤담의 파놉티콘보다 훨씬 더 효율적인? 과연 빅데이터가 인간의 행동을 감시하는 데 그치지 않고 그것을 심리정치적 조종의 대상으로까지 만들 수 있을 것인가? 문명사회의 모습에 다시 한 번 전혀 상상치 못한 극적인 변화가 일어날 것인가?

하여튼 빅데이터를 통해 매우 효율적인 형태의 통제가 가능해진 것은 분명하다. "우리는 당신의 고객에 대한 전방위 시선을 제공합니다." 이것은 미국 빅데이터 기업인 액시엄 Acxiom의 광고 문구다. 디지털 파놉티콘은 실제로 수감자에 대한 전방위 시선을 가능케 한다. 벤담의 파놉티콘은 원근법적 시점의 제약에 묶여 있다. 그러므로 여기서는 수감자들이 몰래 자신들의 비밀스러운 소망과 생각에 따라 행동할 수 있는 사각지대가 남아 있다.

디지털 감시는 시점이 없기 때문에 그토록 효율적인 것이다. 그것은 아날로그적 시각에 특징적인 시점의 제한을 알지 못한다. 디지털 시각은 모든 각도에서의 감시를 가능하게 한다. 그렇게 해서 사각지대는 제거된다. 디지털 시각은 시점이 있는 아날로그 시각과 반대로 인간의 심리까지 들여다볼 수 있다.

다타이즘

데이비드 브룩스David Brooks는 『뉴욕타임스』 칼럼에서
데이터 혁명의 도래를 선포한다. 혁명을 알리는 그의 목
소리는 크리스 앤더슨Chris Anderson의 "이론의 종말"과 마
찬가지로 예언적이다. 이 새로운 신앙의 이름은 "다타이
즘"(Dataismus, 데이터주의)이다. "당신이 오늘날 어떤 철
학이 새롭게 등장하는지 묻는다면, 나는 다타이즘이라고 대
답하겠다. 우리는 이제 거대한 양의 데이터를 모을 수 있게
되었다. 이러한 능력은 일정한 문화적 믿음을 산출하는 듯
이 보인다. 이에 따르면 측정할 수 있는 모든 것은 측정해
야 하고, 그러한 데이터는 감정적, 이데올로기적 편견을 걸
러내는 투명하고 신뢰할 만한 렌즈이며, 우리에게 이를테면
미래를 예언하는 것 같은 놀랄 만한 능력을 준다. 〔……〕
데이터 혁명은 현재와 미래를 이해하는 놀라운 수단을 제공
한다."[43]

다타이즘은 2차 계몽주의의 물결과 함께 등장한다. 1차 계
몽주의 때 사람들은 통계학이야말로 지식을 신화적 내용에

서 해방시켜줄 것이라고 기대했다. 그래서 1차 계몽주의는 통계학을 열렬히 환영했던 것이다. 볼테르Voltaire는 심지어 통계학을 통해 신화에 오염되지 않은 역사가 도래하기를 간절히 소망하기까지 했다. 볼테르에 따르면, 통계학은 "시민으로서, 철학자로서 역사를 읽고자 하는 사람에게 호기심의 대상"이다. 통계학적으로 재평가된 역사는 철학적이다. "통계학의 숫자는 볼테르가 그저 이야기로서만 존재하는 모든 역사에 대해 **방법론적 불신**을 표명할 수 있는 **바탕**을 제공한다. 볼테르에게 **구역사**의 모든 이야기는 신화적인 것의 주변을 벗어나지 못한다."[44] 볼테르에게 통계학은 계몽주의를 의미한다. 통계학은 신화적 이야기에 맞서서 **숫자로 증명된**, **숫자에서 나오는 객관적 지식**을 내세운다.

투명성은 2차 계몽주의의 구호다. 데이터는 투명한 매체다. 『뉴욕타임스』 칼럼에도 씌어 있듯이 데이터는 "투명하고 신뢰할 만한 렌즈"인 것이다. 2차 계몽주의의 명령은 다음과 같다. 모든 것이 데이터와 정보가 되어야 한다. 이러한 데이터 전체주의, 데이터 물신주의가 2차 계몽주의의 영혼을 이룬다. 모든 이데올로기를 과거로 만들어버릴 수 있다고 믿는 다타이즘은 그 자체가 하나의 이데올로기다. 다타이즘은 디지털 전체주의로 귀결된다. 그러므로 우리에게는 디지털 계몽주의가 노예제로 역전될 것임을 깨우쳐줄 3차 계몽주의가 필요하다.

빅데이터가 지식을 주관적 자의에서 해방시켜줄 것이라고들 한다. 이러한 생각에 따르면 직관Intuition은 고차원적인 지식의 형식이 되지 못한다. 직관은 그저 주관적인 것, 객관적 데이터 부족을 만회하기 위한 임시변통에 지나지 않는다. 따라서 복잡한 상황에서 직관은 맹목 상태를 벗어나지 못한다는 것이다. 이론조차 이데올로기의 혐의에 빠진다. 데이터가 충분하기만 하다면 이론은 불필요하다. 2차 계몽주의는 데이터를 동력으로 하는 지식의 시대다. 크리스 앤더슨은 예언자적 수사법으로 다음과 같이 주장한다. "언어학에서 사회학에 이르기까지 인간 행동에 관한 모든 이론은 과거지사가 되었다. 분류법도, 존재론도, 심리학도 모두 잊어라. 왜 인간이 이러저러한 행동을 하는지 대체 그 누가 말해줄 수 있단 말인가? 사람들은 그저 그렇게 행동할 뿐이고, 우리는 유례없이 정확하게 그들이 어떤 행동을 하는지 알아내고 측량할 수 있게 되었다. 데이터가 충분하기만 하다면, 숫자가 모든 것을 말해준다."[45]

1차 계몽주의의 매체는 이성이다. 이때는 이성의 이름으로 상상력, 육체성, 욕망이 억압되었다. 계몽주의의 치명적인 변증법은 계몽주의를 야만으로 역전시킨다. 마찬가지로 치명적인 변증법이 정보와 데이터와 투명성을 바탕으로 하는 2차 계몽주의 역시 위협하고 있다. 2차 계몽주의는 새로운 형태의 폭력을 낳는다. 계몽주의의 변증법은 신화를 파괴하기 위해 등장한 계몽주의가 한 걸음씩 전진할 때마다 스스로 신화 속에 얽혀든다는 데 있다. "거짓된 명확성은 신화의 또 다른 표현일 따름이다."[46] 아도르노Theodor W. Adorno라면 아마도 투명성 역시 신화의 또 다른 표현이며, 다타이즘은 거짓된 명확성을 약속할 뿐이라고 말할 것이다. 동일한 변증법에 의해, 이데올로기에 반기를 든 2차 계몽주의 또한 하나의 이데올로기로, 데이터 야만주의로 돌변하게 될 것이다.

다타이즘은 디지털 다다이즘digitaler Dadaismus이라는 사실이 드러난다. 다다이즘 역시 의미 맥락을 포기한다. 언어는 그 의미를 완전히 상실한다. "삶의 사건들은 시작도 끝도 없다. 모든 것이 대단히 어리석은 방식으로 흘러간다. 따라서 모든 것은 동일하다. 그 단순함을 다다라고 한다."[47]

다다이즘은 허무주의다.[48] 다다이즘은 의미를 완전히 포기한다. 데이터와 수치는 그저 더해져갈 뿐, 아무런 서사도 지니지 않는다. 반면 의미는 서사를 바탕으로 한다. 서사의 부재로 인한 의미의 공허는 그저 데이터로 채워질 뿐이다.

오늘날 수치와 데이터는 절대화되는 데 그치지 않고 섹슈얼하고 물신적인 성격까지 지니게 되었다. 예컨대 "양화된 자아Quantified Self"는 그야말로 리비도적 에너지로 작동한다. 다타이즘은 전반적으로 리비도적인, 심지어 포르노적이기까지 한 특성을 나타낸다. 다타이스트들은 데이터와 성교한다. 그래서 요즘에는 "데이터 성애자"에 대한 얘기도 종종 들을 수 있다. 데이터 성애자들은 "철두철미하게 디지털"하다고 한다. 그들은 데이터를 "섹시"[49]하다고 느낀다. 디기투스(손가락)는 팔루스(남근)에 가까워진다.

양화된 자아

삶의 계측 가능성 내지 양화 가능성에 대한 믿음은 디지털 시대 전반을 지배하고 있다. "양화된 자아" 역시 이러한 신앙을 추종한다. 신체에 자동적으로 데이터를 수집하는 센서가 부착되고 이로써 체온, 혈당, 칼로리의 섭취량과 소모량, 지방질 비중, 이동 프로필 등이 측정된다. 센서는 명상시의 심장 박동도 체크한다. 긴장을 이완시키는 휴식의 시간에도 중요한 것은 여전히 성과와 효율인 것이다. 마음의 상태, 감정, 일상적 활동도 일일이 기록된다. 이러한 자기 측정과 자기 통제의 목적은 정신적, 육체적 성능을 향상시키는 데 있다. 하지만 이 과정에서 축적되는 어마어마한 데이터 더미는 나는 누구인가?라는 질문에 대해 아무런 답도 해주지 못한다. "양화된 자아" 역시 자아에서 의미를 완전히 제거해버리는 다다이즘적 자아 기술이다. 자아는 온갖 데이터로 분해되어 결국 의미의 진공 상태에 이르고 만다.

양화된 자아의 구호는 "수치Numbers를 통한 자기 인식" 이다. 하지만 제아무리 가능한 모든 데이터와 수치를 쌓아올린다고 해도 그것만으로 자기 인식이 만들어질 수는 없을 것이다. 수치는 자아에 대해 아무것도 이야기하지 못한다. 계산Zählung은 이야기Erzählung가 아니다. 그런데 자아를 지탱하는 것은 이야기다. 계산이 아니라 이야기가 자기 발견과 자기 인식에 이르게 해준다.

고대인들의 자기 돌봄도 스스로에 관해 기록하는 습관과 연관되어 있다. 푸블리카치오 수이(Publicatio sui, '자신을 밝히기' '고백하기'—테르툴리아누스)는 자기 돌봄의 본질적 부분을 이룬다. "자기 자신을 돌보는 문화에서는 글쓰기 역시 중요한 의미를 지닌다. 자기 자신을 돌보는 습관으로 가장 중요한 것을 꼽는다면, 나중에 다시 읽어보기 위해 자기 자신에 대해 기록해두는 것, 친구들에게 도움이 될 만한 논설이나 편지를 써서 보내는 것, 필요한 진실을 자기 자신에게 되살리기 위해 일기를 쓰는 것 등이 있었다."[50]

푸블리카치오 수이는 진실 추구를 위한 노력이다. 자기 자신에 대한 기록은 자아의 윤리에 기여한다. 반면 다타이즘은 셀프 트래킹Self-Tracking에서 모든 윤리와 진실을 제거하고 이를 단순한 자기 통제의 기술로 만들어버린다. 수집된 데이터는 공개되고 교환되기도 한다. 그리하여 셀프 트래킹은 점점 더 자기 감시의 양상을 띤다. 오늘의 주체는 자기 자신의 경영자, 자기 자신의 착취자일 뿐만 아니라, 자기 자신의 감시자이기도 하다. 자기를 착취하는 주체는 노동수용소를 몸에 달고 다니며 그 속에서 가해자인 동시에 피해자가 된다. 자기를 조명하고 감시하는 주체는 몸에 파놉티콘을 지니고 다니면서, 그 속에서 감시자이자 수감자 노릇을 동시에 한다. 디지털화된 웹 위의 주체는 자기 자신의 **파놉티콘**이다. 이제 감시의 임무는 개개인이 떠맡게 된다.

삶의 완벽한 프로토콜

오늘날 우리가 하는 모든 클릭, 우리가 입력하는 모든 검색어는 저장된다. 웹에서 이루어지는 모든 행보는 관찰되고 기록된다. 우리의 삶은 디지털 망에 완벽하게 모사된다. 우리의 디지털 습관은 우리의 인격, 우리의 영혼을 매우 정확하게 재현한다. 디지털 습관을 통한 재현은 어쩌면 우리가 스스로에 대해 가지고 있는 이미지보다 더 정확하고 완벽할지도 모른다.

오늘날 이용 가능한 웹 주소의 수는 거의 무한하다고 할 수 있다. 따라서 모든 일상용품에 인터넷 주소를 부여하는 것도 가능해졌다. 사물들 자체가 능동적인 정보 전송자가 된다. 사물들은 우리의 삶에 대해, 우리의 행위에 대해, 우리의 습성에 대해 보고한다. 인간의 인터넷인 웹 2.0이 사물의 인터넷인 웹 3.0으로 확장됨으로써 디지털 통제사회는 완성된다. 웹 3.0은 삶의 완벽한 프로토콜을 가능하게 만든다. 우리는 이제 우리가 일상적으로 사용하는 사물에게까지 감시당하는 신세가 된다.

우리는 디지털의 총체적 기억 속에 갇혀버렸다. 반면 벤담의 파놉티콘에는 효율적인 기록 시스템이 없다. 다만 집행된 형벌과 그 이유를 적어둔 "조치 대장"이 있을 뿐이다. 수감자의 삶은 기록되지 않는다. 감시하는 빅브라더는 어차피 수감자들이 무슨 생각을 하는지, 무엇을 소망하는지는 전혀 알지 못한다. 건망증이 심한 빅브라더와는 반대로 빅데이터는 아무것도 잊어버리지 않는다. 이미 이러한 이유만으로도 디지털 파놉티콘은 벤담의 파놉티콘보다 더 효율적이라고 할 수 있을 것이다.

빅데이터와 데이터 마이닝Data-Mining은 미국 선거운동에서 실제로 콜럼버스의 달걀 노릇을 톡톡히 하고 있다. 이를 통해 선거운동 캠프는 유권자에 대한 전 방위적 시선을 확보한다. 그들은 다양한 소스에서 어마어마한 양의 데이터를 수집하고, 때로는 구입하기도 하면서, 그렇게 모은 데이터를 결합하여 매우 정확한 유권자의 프로필을 작성한다.

이로써 그들은 유권자의 사생활, 유권자의 심리까지 속속들이 들여다볼 수 있게 된다. 개개인에게 맞추어 조준된 메시지로 유권자의 **마음을 움직이기** 위해 **마이크로 타게팅**Micro-Targeting 기법이 동원된다. 마이크로 타게팅은 권력의 미시물리학이 실현되는 하나의 방식이며, **데이터를 동력으로 하는 심리정치**다. 지능적 알고리즘은 투표 행태를 예측하고, 이를 바탕으로 유권자에게 전하는 메시지를 최적화하는 데 활용된다. 개인 맞춤형으로 만들어진 선거용 메시지는 개인화된 광고와 거의 다르지 않다. 선거와 쇼핑, 국가와 시장, 시민과 소비자는 점점 더 닮아간다. 마이크로 타게팅은 심리정치의 보편적 기법으로 자리 잡는다.

규율사회의 **생정치를** 실현하는 수단의 하나인 인구조사는 **인구통계학적으로** 의미 있는 자료를 제공하지만, **심리학적으로** 활용 가능한 자료를 생산하지는 못한다. 생정치에서 심리에 대한 섬세한 개입은 불가능하다. 반면 디지털 심리정치는 심리적 과정에 선제적으로 개입할 수 있는 능력을 갖추고 있다. 그것은 어쩌면 자유 의지보다 더 **빠를지도** 모른다. 디지털 심리정치는 자유 의지를 추월할 수 있다. 그렇게 된다면 자유는 종언을 고할 것이다.[51]

디지털 무의식

빅데이터를 통해 우리는 어쩌면 우리 자신이 의식하지 못한 채 마음속에 품고 있는 소망을 읽어낼 수 있게 될지도 모른다. 우리는 특정한 상황에서 의식조차 되지 않는 모종의 애착을 발전시킨다. 우리는 심지어 왜 갑자기 특정한 욕구를 느끼는지조차 알지 못할 때도 많다. 임신부가 특정 임신 주차에 어떤 물건에 대한 욕망을 가지게 된다면, 이때 임신 상태와 욕망 사이에는 일정한 연관 관계가 있다고 할 수 있지만, 그녀 자신은 그것을 의식하지 못하는 것이다. 그녀는 그저 그 물건을 구입할 뿐, 그것을 왜 사는지는 모른다. 그냥 그럴 뿐이다. 그냥 그럴 뿐이라는 것, 이는 아마도 의식적 자아에 잡히지 않는 프로이트Sigmund Freud의 이드와 심리적 관련이 있을 것이다. 그렇다면 빅데이터는 이드를 심리정치적으로 착취할 수 있는 에고로 만들어준다고 할 수 있으리라. 그리고 만일 빅데이터가 우리의 행동과 소망의 배후에 있는 무의식의 왕국으로 입장하게 해준다면, 우리의 심리 속으로 깊숙히 파고들어가 이를 착취하는 심리정치도 충분히 가능해질 것이다.

발터 벤야민에 따르면 영화 카메라는 "시각적 무의식"으로의 문을 열어준다. "클로즈업으로 공간이 확장되고, 슬로모션을 통해 움직임이 확장된다. 〔……〕여기서 카메라를 향해 말하는 자연은 눈을 향해 말하는 자연과 다르다는 점이 분명해진다. 이들이 다른 것은 무엇보다도 인간의 의식이 섞여 있는 공간이 카메라를 통해 무의식적으로 형성된 공간으로 대체되기 때문이다. 〔……〕또한 우리는 라이터나 숟가락을 잡으려고 할 때 대강 아무렇게나 해도 전혀 어려움이 없지만, 이때 손과 쇠붙이 사이에서 본래 어떤 일이 일어나고 있는지에 대해서는 거의 아는 바가 없다. 하물며 우리가 느끼는 그때그때의 기분에 따라 그 동작에 어떤 변화가 있는지는 더더욱 알지 못한다. 바로 이 지점에 카메라는 자기만의 보조 수단으로, 즉 하강과 상승, 중단과 분리, 확장과 압축 등의 조작을 통해 개입한다. 우리는 정신분석학을 통해 충동과 무의식의 세계를 알게 된 것처럼, 카메라를 통해 비로소 시각적 무의식을 알게 된다."[52]

빅데이터는 벤야민이 말하는 영화 카메라에 비유할 수 있다. 데이터 마이닝은 디지털 돋보기로서 인간의 행동을 확대하여 의식이 작용하는 행동 공간 뒤에서 무의식적으로 작동하는 또 하나의 행동 공간을 조명해준다. 빅데이터의 미시물리학은 액톰actomes, 즉 의식에서 벗어나 있는 미시 행동을 가시화할 것이다. 빅데이터는 또한 개개인이 의식하지 못하는 집단적 행동 패턴도 드러낼 것이다. 이로써 집단 무의식에의 접근이 가능해진다. 이러한 미시물리학적 또는 미시심리학적 관계망을 "시각적 무의식"이라는 벤야민의 개념을 변형하여 디지털 무의식이라고 명명할 수도 있으리라. 디지털 심리정치는 디지털 무의식에 접근함으로써 의식에 잡히지 않는 차원에서 대중의 행동을 장악하고 조종할 수 있게 될 것이다.

빅딜

오늘날 빅데이터는 빅브라더의 모습으로만 등장하지 않는다. 빅데이터는 빅딜Big Deal이기도 하다. 빅데이터는 무엇보다 큰 장사다. 개인 관련 데이터는 남김없이 상품화되어 금전적 거래의 대상이 된다. 오늘날 인간은 경제적 이익을 위해 이용할 수 있는 데이터 패키지로 다루어지고 거래된다. 인간 자신이 상품으로 전락한다. 빅브라더와 빅딜은 동맹을 맺는다. 감시국가와 시장은 하나가 된다.

데이터 회사인 액시엄은 약 3억 명에 이르는 미국인의 개인 정보를 가지고 장사를 한다. 그러니 사실상 거의 모든 미국인의 개인 정보가 액시엄의 소유 아래 있는 것이다. 액시엄은 이제 미국인에 대해 FBI보다 더 많이 알고 있다. 액시엄은 인간을 70개의 범주로 나눈다. 액시엄의 카탈로그에 인간은 70개 종류의 상품으로 제시되어 있다. 필요에 따라 무엇이든 구할 수 있다. 여기서 경제적 가치가 낮은 사람은 "웨이스트waste," 즉 "쓰레기"로 지칭된다. 시장 가치가 비교적 높은 소비자는 "슈팅 스타shooting star" 그룹에 들어 있다. 나이는 36세에서 45세로 활동적이고, 아침 일찍 일어나 조깅을 하며, 아이는 없으나 기혼이고, 여행을 즐기며 시트콤 「사인필드Seinfeld」를 시청한다.

빅데이터는 새로운 디지털 계급사회를 만들어낸다. "쓰레기"로 분류된 사람은 최하층 계급에 속한다. 점수가 낮은 사람은 신용대출을 받지 못한다. 그리하여 파놉티콘과 나란히 "바놉티콘banopticon"[53]이 수립된다. 파놉티콘이 시스템에 갇힌 수감자를 감시한다면, 바놉티콘은 시스템에서 떨어져 있거나 시스템에 대해 적대적인 자들을 불청객으로 낙인찍고 배제하는 기구다. 고전적인 파놉티콘이 훈육의 기능을 수행한다면, 바놉티콘은 시스템의 안전과 효율을 보장한다.

디지털 바놉티콘은 경제적으로 무가치한 인간을 쓰레기로 낙인찍는다. 쓰레기는 치워버려야 하는 대상이다. "그들은 모두 잉여입니다. 인간 폐품, 사회에서 버려진 자들이죠. 한마디로 쓰레기라는 겁니다. '쓰레기'란 쓸모없음의 화신입니다. 어떻게 해도 결코 쓸모 있게 될 수 없는 모든 것이 '쓰레기더미'에 속합니다. 실제로 쓰레기가 수행할 수 있는 의미 있는 역할은 오직 유용하게 활용할 수도 있었을 공간을 더럽히고 막아버리는 것밖에 없습니다. 바놉티콘의 궁극적 목적은 쓰레기가 '가치 있는' 생산물과 분리되어, 쓰레기 처리장으로 보내질 수 있도록 확실히 치워두는 데 있는 것입니다."[54]

망각

  인간의 기억은 하나의 이야기이며, 그것은 망각을 필수적 구성 요소로서 포함한다. 반면 디지털 기억은 빈틈없는 덧붙이기이며 누계이다. 저장된 데이터는 셀 수 있을 뿐 그것에 대해 이야기할 수는 없다. 저장과 호출은 서사적 과정인 회상과 근본적으로 구별된다. 이를테면 자서전이 서사적인 회상의 기록인 데 반해, 타임라인은 아무런 이야기도 하지 않는다. 타임라인은 그저 사건과 정보 들의 열거와 덧붙이기에 지나지 않는다.

  기억은 살아 있는 역동적 과정으로서 그 속에서 상이한 시간의 층위가 서로 간섭하고 영향을 미친다. 기억은 부단한 고쳐쓰기와 재배치의 과정 속에서 형성되고 변화해간다. 프로이트 역시 기억을 유기적 생명체로 파악한다. "자네도 알다시피, 나의 연구는 우리의 심리적 메커니즘이 중첩된 여러 층으로 이루어져 있다는 가정에서 출발하네. 때때로 현존하는 기억 자취의 재료가 새로운 관계에 따라 재배열되고 재기술되는 과정 속에 놓여 있다는 것이지. 그러니까 내 이론의 본질적 새로움은 기억이 다양한 종류의 기호로 기록되어 있어서, 한 겹이 아니라 여러 겹으로 존재한다는 주장에 있네."[55] 그러므로 늘 동일한 상태를 유지하며 동일한 형태로 호출될 수 있는 유일한 과거는 존재하지 않는 것이다. 반면 디지털 기억은 무차별한, 마치 언데드와 유사한 현재의 점들로 이루어져 있다. 살아 있는 것의 시간 구조가 넓게 펼쳐진 시간적 지평을 본질로 한다면, 디지털 기억에는 그런 지평이 존재하지 않는다. 이로써 디지털화된 삶은 생동성을 잃어버린다. 디지털의 시간은 언데드의 시간이다.

정신

빅데이터는 절대지絶對知의 인상을 준다. 모든 것이 측정되고 양화될 수 있다. 빅데이터를 통해 사물들은 지금까지 숨겨져 있던 비밀스러운 상관관계를 드러낸다. 인간 행동에 대한 정확한 예측도 가능해질 것이라고 한다. 지식의 새로운 시대가 도래할 것이다. 상관관계가 인과관계를 대체한다. 그냥 그럴 뿐Es-ist-so이라는 확인이 왜 그런가Wieso 하는 질문에 대한 설명을 대체한다. 데이터를 동력으로 하는 현

실의 양화 과정이 정신을 지식에서 몰아내고 있다.

정신의 철학자인 헤겔이라면 오늘날 빅데이터가 약속하는 전지성이란 절대무지에 불과하다고 보았을 것이다. 헤겔의 『대논리학』은 지의 논리학으로 읽을 수 있다. 이에 따르면 상관관계는 지의 가장 원시적인 단계에 속한다. A와 B 사이에 강한 상관관계가 성립한다는 것은 A가 변화하면 B에도 변화가 일어난다는 것을 의미한다. 아무리 강력한 상관관계가 확인된다고 하더라도 우리는 왜 그러한 관계가 성립하는지는 전혀 알지 못한다. 그냥 그럴 뿐이다. 상관관계는 필연성의 관계가 아니라 개연성의 관계다. A는 빈번히 B와 동시에 발생한다. 이 점에서 상관관계는 인과관계와 구별된다. 인과관계의 근본 특징은 필연성이기 때문이다. A는 B를 초래한다.

인과율도 지의 최고 단계는 아니다. 상호작용은 인과관계보다 더 복합적인 관계를 나타낸다. 그것은 A와 B가 서로에 대해 조건이 된다는 것을 의미한다. A와 B 사이에는 필연적 연관성이 존재한다. 그러나 상호작용의 단계에서도 아직 A와 B 사이의 연관성이 파악된 것은 아니다. "주어진 내용을 단순히 상호작용의 관점에서 관찰하는 데 그친다면,

이는 전적으로 무개념적 태도에 지나지 않는다."[56]

"개념Begriff"에 이르러서야 비로소 지가 생성된다. 개념이란 A와 B를 자기 안에 포함하면서in sich begreifen, 이를 통해 A와 B가 이해되도록begriffen 만드는 C를 가리킨다. 개념은 A와 B를 포괄하며 양자의 관계에 근거를 제공하는 최상의 연관성이다. 이에 따르면 A와 B는 "더 고차원적인 제3항의 계기"를 이룬다. 개념의 단계에서 비로소 지가 성립한다. "개념이란 사물들 자체에 내재하는 것, 사물을 바로 그 사물로 만드는 근거가 되는 것이며, 따라서 하나의 대상을 이해한다는 것은 그것의 개념을 깨닫는다는 것을 의미한다."[57] 모든 것을 포괄하는 개념 C에서 비로소 A와 B 사이의 상관관계에 대한 완전한 이해가 가능해진다. 빅데이터는 매우 파편적인 지식만을 제공할 뿐이다. 빅데이터가 보여주는 상관관계는 아무것도 이해할 수 있게 해주지 못한다. 빅데이터에는 개념도 없고 정신도 없다. 빅데이터가 약속하는 절대지는 절대무지와 다름이 없다.

개념은 자신의 계기들을 자기 경계 내에 거두어들이고ein-schließen, 포함시키는ein-begreifen 하나의 통일체다. 개념은 속에 모든 것이 완전히 포함되어 있는inbegriffen 결론Schluss

의 형식을 취한다("모든 것은 결론이다"라는 말은 "모든 것은 개념이다"라는 말과 같은 뜻이다).[58] 절대지는 절대적 결론이다. "절대적인 것의 정의"는 다음과 같다. "절대적인 것은 결론이다."[59] 계속 덧붙여가는 것만으로 결론에 이를 수는 없다. 결론은 덧붙이기가 아니라 이야기다. 절대적 결론이란 그 뒤에 덧붙이기를 허용하지 않는 어떤 것이다. 이야기로서의 결론은 덧붙이기의 반대 형상이다. 순수한 덧붙이기로 이루어지는 빅데이터는 결코 결론이나 완결에 이르지 못한다. 빅데이터가 생성시키는 상관관계나 덧붙이기와는 반대로 이론은 서사적 지의 형식을 취한다.

정신은 하나의 결론, 즉 부분들이 지양되어 의미 있게 담겨 있는 전체다. 전체는 결론의 형식이다. 정신이 없다면 세계는 단순히 덧붙여진 것들의 더미로 해체되고 말 것이다. 정신은 자기 안에 모든 것을 모아들이는 세계의 내면, 세계의 총화를 이룬다. 이론 역시 부분들을 자기 안에 포함하고 거두어들이는 하나의 결론이다. 크리스 앤더슨이 선포한 "이론의 종말"은 결국 정신과의 결별을 의미한다. 빅데이터는 정신을 완전히 불구로 만든다. 순수하게 데이터의 힘으로 추진되는 인문과학은 더 이상 인문과학이 아니다. 총체적인 데이터 지식은 정신의 원점에 놓여 있는 절대적 무지에 지나지 않는다.

헤겔의 『대논리학』에는 다음과 같은 구절이 있다. "모든 이성적인 것은 하나의 결론이다."[60] 헤겔에게 결론은 형식 논리적 범주가 아니다. 결론이 나오는 것은 한 과정의 시작과 끝이 의미 있는 연관성을 만들어낼 때, 즉 의미를 수립하는 통일체를 이룰 때다. 이런 이유에서 이야기는 단순한 덧붙이기와 반대로 하나의 결론이다. 지식은 하나의 결론이다. 제의와 의식도 결론의 형식이다. 제의와 의식은 서사적 과정을 표현하며, 따라서 고유한 시간, 고유한 리듬과 박자를 지닌다. 제의와 의식은 서사적 성격으로 인해 가속화의 압력에서 자유롭다. 반면 모든 종결의 형식이 해체되는 상황에서는 모든 것이 **붙잡을** 데를 찾지 못하고 마구 흘러가버린다. 전면적 가속화는 모든 것이 덧붙여지기만 하는 세계, 모든 서사적 긴장과 수직적 긴장이 사라져버린 세계에서 일어나는 현상이다.

오늘날에는 지각 자체가 결론에 이를 능력을 상실했다. 지각은 무한한 디지털 망을 폴짝폴짝 뛰어다닐 따름이다. 지각은 완전히 산만해지고 말았다. 오직 사색적인 머무름만

이 결론에 이를 수 있다. 눈을 감는 것Augen schließen은 결론 Schluss에 대한 상징적 이미지다[Schluss는 schließen의 명사형이다. Schließen은 '닫다' '(눈을) 감다' 외에 '추론하다'라는 뜻도 지닌다. 명사형 Schluss는 결론, 추론, 종결, 끝을 의미한다──옮긴이]. 이미지와 정보의 빠른 교체는 눈 감기를, 사색적 결론을 불가능하게 한다. 모든 이성적인 것이 결론이라면, 빅데이터의 시대는 이성이 없는 시대인 셈이다.

사건

17세기에 통계학적 방법이 발명되었을 때 과학자도, 도박사도, 시인도, 철학자도 모두 이 새로운 방법 앞에서 숨이 멎을 정도로 흥분했다. 그들은 새로 발견된 통계적 확률과 규칙성을 열광적으로 환영했다. 이러한 당시의 환희는 오늘날 빅데이터에 대한 반응과 충분히 비교할 만하다. 통계학은 세계의 우연성에 직면한 사람들에게 신의 섭리에 대한 믿음을 되돌려주었다. 예컨대 18세기에 존 아버스넛 John Arbuthnot이 쓴 논문의 제목은 다음과 같다. "신의 섭리에 대한 증명. 영국에서 관찰된 출생 성비의 규칙성을 근거로." 신생아 가운데 남아가 여아보다 많다는 통계학적 조사 결과 앞에서 철학자들은 신의 섭리를 확인했다고 믿었고, 이를 근거로 전쟁을 정당화하기까지 했다.

칸트 역시 법칙성을 드러내는 통계적 계산에 매혹되어 이를 자신의 목적론적 역사관 속에 편입시킨다. 그는 한편으로 자유 의지를 가정하지만 다른 한편으로 의지의 자유에 한계를 설정하기도 한다. 그에 따르면 자유 의지의 현상 형태인 인간의 행동 역시 다른 모든 자연적 사실과 마찬가지로 일반적 자연 법칙에 의해 규정된다. 그래서 인간 의지의 자유가 행하는 놀이를 "거시적으로" 관찰해보면 어떤 법칙성이 드러난다는 것이다. 개별 주체들의 행동이 아무리 불규칙적인 것처럼 보인다 해도, 인류 전체로 볼 때는 "원초적인 성향들이 비록 느리기는 하지만 꾸준하게 계속 발전해 가고 있음"을 확인할 수 있다. 이어서 칸트는 통계 수치에 관해 이야기한다. "따라서 결혼, 이에 따른 출산, 죽음은 여기에 인간의 자유 의지가 대단히 큰 영향을 미치는 까닭에 계산을 통해 그 수를 예측할 수 있게 해줄 어떤 규칙도 성립하지 않을 것처럼 보인다. 그러나 큰 나라들에서 나오는 연간 통계표는 그러한 일들도 변함없는 자연 법칙에 따라 일어나고 있음을 보여준다. 마치 하루하루 변화해가는 날씨를 예측하는 것은 불가능하지만, 이렇게 변화무쌍한 날씨도 전체적으로는 식물의 생장, 강물의 흐름, 기타 자연 현상들이 항상적이고 중단 없이 계속되도록 유지하는 데 부족함이 없듯이 말이다. 개개인들, 심지어 만방의 민족들조차 각자 자기 원하는 대로, 때때로 다른 이들의 의지에 반하여 자기 자신의 의도를 추구하지만, 실은 그들도 무의식적으로 그들 자신은 알지 못하는 자연의 의도가 이끄는 대로 나아가고 자연이 조장하는 대로 일하고 있는 것이다."[61]

1차 계몽주의는 근본적으로 통계학적 지식에 대한 믿음과 연결되어 있다. 루소Jean-Jacques Rousseau의 "일반 의지" 역시 통계학적-수학적 연산의 결과다. 일반 의지의 형성에는 어떤 소통의 과정도 필요하지 않다.[62] 그것은 통계학적 중간값에서 나온다. "전체 의지와 일반 의지 사이에는 종종 매우 큰 차이가 있다. 일반 의지가 오직 공동의 이익만을 지향하는 데 반해, 전체 의지는 사적 이익을 따르며 다수의 특수한 의지들의 총합에 지나지 않는다. 하지만 바로 이러한 특수한 의지들 가운데 일단 지나친 부분과 모자라는 부분이 서로를 상쇄하고 나면 차이들의 총합으로서 일반 의지가 남는다."[63]

루소는 일반 의지의 확립이 커뮤니케이션을 필요로 하지 않는다는 것, 심지어 커뮤니케이션을 배제해야 한다는 것을 명시적으로 강조한다. 커뮤니케이션은 통계학적 객관성을 왜곡하기 때문이다. 그래서 루소는 정당과 정치단체의 결성을 금지한다. 루소의 민주주의는 토론과 커뮤니케이션이 없는 민주주의다. 이러한 통계학적 방법은 다중과 진리의 종합을 수립한다.[64] 루소는 무엇으로 좋은 정부인지를 알아볼 수 있느냐는 질문에 답하면서 생정치적 입장을 표명한다. 그는 이 질문에 대한 도덕적 접근을 회피한다. 정치적 공동체의 목적은 오직 그 구성원들의 생존과 안녕뿐이다. 그리고 이 목적이 달성되고 있다는 가장 확실한 신호는 인구 증가다. 통치 기간 동안 국민의 수가 "계속해서 증가"한다면, 그 정부야말로 이론의 여지 없는 최상의 정부라고 할 수 있을 것이다. 그래서 루소는 다음과 같이 외친다. "통계학자들이여! 이제 그대들 차례다. 세고, 재고, 비교하라."[65]

오늘날 일고 있는 빅데이터에 대한 열광은 통계학에 대한 18세기의 열광과 대단히 흡사하다. 통계학은 아마도 18세기의 빅데이터라고 할 수 있을 것이다. 하지만 그것도 오래가지 않아 잦아들었으니, 통계학적 이성은 곧 낭만주의 운동과 같은 저항에 부딪혔던 것이다. 평균적인 것, 범상한 것에 대한 혐오는 낭만주의의 근본 정서에 속한다. 낭만주의는 통계학적 개연성의 대립항으로서 독특한 것, 비개연적인 것, 돌연한 것을 내세우며, 통계학적 정상성보다는 별난 것, 비정상적인 것, 극단적인 것을 양성한다.[66]

통계학적 이성에 대한 혐오는 니체Friedrich W. Nietzsche에게서도 나타난다. "통계학은 역사에 법칙이 있음을 증명한다. 그렇다. 통계학은 군중이 얼마나 구역질 날 정도로 천박하게 획일적인지를 증명하는 것이다. 너희가 통계학을 한번 아테네에 적용해봤다면! 그랬다면 차이를 느낄 수 있었으리라! 군중이 저급하고 몰개성적일수록 통계 법칙은 더 엄격하게 관철된다. 군중이 더 고귀하고 뛰어난 사람들로 이루어졌다면, 법칙은 당장 끝장나고 말 것이다. 그리고 저 꼭대기로 가서 위대한 정신의 소유자들에 이르면, 너희는 더 이상 계산조차 할 수 없으리라. 위대한 예술가들은 언제 결혼했을까! 이에 관한 법칙을 찾으려 하다니, 그 무슨 헛수고란 말이냐! 그러니 역사에 법칙이 있다 한들, 그런 법칙이란 아무 가치도 없는 것이고, 그런 역사, 즉 법칙에 따라 일어난 일이라는 것도 무가치한 것이다."[67] 통계학은 "역사의 무대 위에서 행동하는 위대한 인물들 대신 엑스트라들만을" 고려할 따름이다. 니체는 "거대한 군중의 움직임을 중요하고 주된 것으로 취급하고 모든 위대한 인물들을 단순히 그것의 가장 뚜렷한 표현에 지나지 않는 것으로, 거대한 물결 위로 드러나 있는 작은 물방울 정도로 이해하는" 모든 역사 서술에 대해 반대한다.

니체에게 통계 수치는 그저 인간이 무리 짓는 짐승이라는 것, "점점 더 인간이 똑같아진다는 것"을 증명할 뿐이다. 이러한 획일화는 오늘의 투명사회, 정보사회의 특징적인 현상이기도 하다. 모든 것이 즉시 드러난다면, 일탈은 거의 불가능해진다. 투명성으로부터 타자, 낯선 것, 불일치를 제거하는 순응의 압력이 발생한다. 빅데이터는 무엇보다도 집단적 행동 패턴을 가시화한다. 다타이즘 자체가 **동일화의 증대 경향**을 강화한다. 데이터 마이닝은 기본적으로 통계학과 다르지 않다. 데이터 마이닝이 드러내는 상관관계는 통계적 개연성의 표현이다. 그것은 통계적 평균치를 계산해낸다. 따라서 빅데이터는 유일무이한 것에 접근하지 못한다. 빅데이터는 사건을 보지 못한다. 역사를, 인류의 미래를 규정하는 것은 통계적 개연성이 아니라 개연적이지 않은 것, 유일한 것, 사건이다. 따라서 빅데이터는 미래도 보지 못한다.

주체를 넘어서

니체에 따르면 인간의 "자연화"에는 "절대적으로 갑작스러운 것과 파괴적인 것에 대한 각오"[68]가 포함된다. 지금까지 통용되던 것, 기존의 질서를 무너뜨리는 사건은 자연적 사건과 마찬가지로 예측할 수 없이 갑작스럽게 일어난다. 그것은 모든 계산과 예상을 벗어난다. 이로부터 한마디로 완전히 새로운 상태가 시작된다. 사건은 어떤 외부적인 요소를 판안으로 끌어들여, 주체를 열어젖히고 예속 상태에서 해방시킨다. 사건은 새로운 자유 공간을 여는 단절과 불연속성을 의미한다.

푸코는 니체를 따라서 "유일무이한 결정적 사건을 부각시키는" 역사의 이념을 고수한다. 푸코가 말하는 "사건"이란 "세력 관계의 역전" "권력의 몰락, 언어의 기능 변환, 기존 언어 사용자의 의지에 반하는 언어 사용"[69]을 의미한다. 사건이 일어날 때 사람들은 갑자기 다른 언어로 말하기 시작한다. 사건은 완전히 새로운 존재의 구도를 탄생시킴으로써 기존의 확실성을 파괴해버린다. 사건은 전환이다. 전환을 통해서 전도, 지배 권력의 전복이 이루어진다. 사건은 이전 상태에는 전혀 없던 무언가가 일어나게 한다.

체험과 반대로 경험은 비연속성을 바탕으로 한다. 경험은 변신을 의미한다. 어느 대담에서 푸코는 니체, 블랑쇼Maurice Blanchot, 바타유Georges Bataille가 말하는 경험이란 "주체를 그 자신에게서 떼어내어 주체가 더 이상 주체 자신이 아니게 되거나, 주체가 자신의 파괴 또는 해체로 내몰릴 지경에 이르게"[70] 하는 어떤 것이라고 지적한다. 주체로서 존재한다는 것은 예속되어 있다는 것을 의미한다. 경험은 주체를 예속 상태에서 벗어나게 한다. 경험은 신자유주의적 심리정치가 주체를 예속 상태 속에 더 깊이 빠뜨리기 위해 이용하는 체험 또는 기분과 정반대다.

푸코가 말하는 삶의 기술은 완전히 다른 삶의 형식을 낳는 자유의 실천으로 이해할 수 있을 것이다. 그것은 탈심리화의 과정 속에서 완성된다. "삶의 기술이란 심리학을 죽이는 것, 자발적으로, 또한 다른 개체들과도 어울리며, 아무 이름도 없는 존재, 관계, 특성 들을 생성시키는 것을 의미한다. 그것을 해내지 못한다면 이 삶은 살 가치가 없다."[71] 삶의 기술은 예속화를 위해 동원되는 "심리학적 테러"에 반항한다.

신자유주의적 심리정치는 심리학적 프로그래밍과 제어를 통해 지배 시스템을 안정적으로 지속시키는 통치술이다. 따라서 사유의 실천이라고 할 수 있는 삶의 기술은 탈심리학을 추구하지 않을 수 없다. 삶의 기술은 예속화의 매체인 심리정치를 무장해제시킨다. 주체는 탈심리화되고, 비워진다. 이로써 아직 이름이 없는 삶의 형식을 위한 자유가 생겨난다.

백치

1980년 스피노자 강의에서 들뢰즈는 다음과 같이 말한다. "문자 그대로의 의미로 말씀드립니다. 그들은 바보 노릇을 합니다. 바보 노릇하기. 바보 노릇하기는 언제나 철학의 기능이었습니다."[72] 철학의 기능은 바보 노릇하기에 있다. 철학은 처음부터 바보짓과 긴밀하게 결합되어 있었다. 새로운 표현 방식, 새로운 언어, 새로운 사유를 창조하는 모든 철학자는 본래 바보였음이 틀림없다. 오직 바보만이 완전히 다른 것에 접근할 수 있다. 백치 상태 속에서 사유는 모든 예속화와 심리화에서 이탈하는 사건과 유일무이한 것으로 이루어진 내재성의 장으로 들어갈 수 있다.

철학사는 바보짓의 역사다. 자기가 모른다는 것만을 아는 소크라테스Socrates는 바보다. 모든 것을 회의하는 데카르트René Descartes 역시 바보다. 나는 생각한다, 고로 존재한다는 바보 같은 말이다. 사유의 내적 수축은 새로운 시작을 가능하게 한다. 데카르트는 생각하는데, 이는 곧 생각을 생각하는 것이다. 생각은 자기 자신에게 돌아감으로써 처녀 상태를 회복한다. 들뢰즈는 데카르트적 바보의 맞은편에 다른 유형의 바보를 내세운다. "예전의 바보는 명증성을 원했고, 거기에 자기 스스로 도달하려 했다. 〔……〕 새로운 바보는 도대체 어떤 명증성도 원하지 않으며, 〔……〕 부조리한 것을 원한다. 이것은 생각에 대한 완전히 다른 이미지다. 예전의 바보는 진리를, 새로운 바보는 부조리를 생각의 최고 권능으로 끌어올린다."[73]

오늘날 아웃사이더, 천치, 바보는 거의 사라진 것처럼 보인다. 전면적인 디지털 네트워크화와 총체적 커뮤니케이션은 순응의 압박을 엄청나게 증가시킨다. 합의의 폭력은 바보짓을 억압한다. 보토 슈트라우스Botho Strauss는 오늘의 순응주의와 시민적 관습 사이의 차이를 잘 알고 있다. "바보에게는 다른 모든 사람들이 서로 세심하게 조율된 목소리로 이야기를 나누는 것처럼 느껴진다. 가장 잘 견딜 수 있

을 만한 분위기로 낮추어진 수준에서. 〔……〕 과거 부르주
아 시대의 관습보다 훨씬 더 완고한 관습."**74**

바보Idiot는 기인Idiosynkrat이다. 독특함을 의미하는
"Idiosynkrasie"라는 단어는 본래 체액의 특이한 혼합과 여
기서 비롯하는 과민성을 의미한다. 커뮤니케이션의 가속화
가 필요한 상황에서 타자에 대해 면역학적 거부 반응을 보
이는 특이체질은 장애물에 지나지 않는다. 그것은 한계 없
는 커뮤니케이션의 교환 과정을 가로막는다. 커뮤니케이션
의 가속화를 위해 필수적인 것은 면역 작용에 대한 억압이
다. 정보와 자본의 빠른 순환을 위해 면역 반응은 강력한
억제 대상이 된다. 커뮤니케이션은 동일한 것이 동일한 것
에 반응할 때 최대 속도에 도달한다. 반면 타자성 또는 이
질성에서 나오는 저항과 완고함은 동일한 것 사이의 매끄러
운 커뮤니케이션을 방해하고 지연시킨다. 커뮤니케이션은
바로 **동일자의 지옥** 속에서 최고 속도에 도달한다.

커뮤니케이션과 순응의 압박 앞에서 바보짓은 자유의 실
천을 의미한다. 본질적으로 바보는 묶여 있지 않은 자, 네
트워크에 낚이지 않은 자, 정보가 없는 자다. 그는 모든 커
뮤니케이션과 네트워크에서 벗어나 있는, **어떤 상상을 초월하**

는 외부 공간에 거주한다. "바보는 목적 지향적인 인간들이 만들어내는 소용돌이 속에서 마치 떨어진 한 송이 장미처럼 빙빙 맴돌고 있다. 합의하는 인간들, 놀라운 의견일치의 공동체에 속한 자들 사이에서."[75]

바보는 현대의 이단아다. 이단Häresie은 본래 선택을 의미한다. 즉 이단아는 자유로운 선택권을 쥐고 있는 자다. 그는 정통에서 이탈할 용기가 있다. 그는 순응의 압박을 용감하게 떨쳐버린다. 이단아로서의 바보는 합의의 폭력에 맞서는 저항의 형상이다. 그는 아웃사이더의 마력을 보존한다. 순응의 압박이 점점 더 강화되어가는 오늘날, 이단적 의식의 날을 벼려야 할 필요성은 그 어느 때보다도 더 절실하다.

바보짓은 신자유주의적 지배 권력과 그것이 강제하는 총체적 커뮤니케이션과 총체적 감시에 반기를 든다. 바보는 '소통하지' 않는다. 바보는 소통 불가능한 것으로 소통한다. 그는 침묵의 장막 속으로 들어간다. 바보짓을 통해 침묵과 고요, 고독이 있는 자유로운 공간, 정말 말해질 가치가 있는 것을 말할 수 있는 공간이 만들어진다. 들뢰즈는 이미 1995년에 이러한 침묵의 정치를 선언했다. 그것은 곧 커뮤니케이션과 의사 표현을 강요하다시피 하는 신자유주의적 심리정치에 대한 반대 선언이다. "오늘날의 난관은 더 이상 우리가 자유롭게 말할 수 없다는 데 있지 않다. 우리가 뭔가 말할 것을 찾을 수 있는 자유로운 고독과 침묵의 공간을 만들어내는 것은 정말 어려운 일이 되었다. 이제 억압적 세력은 더 이상 우리의 의견 표명을 막지 않으며, 오히려 의견을 말하도록 강제하기까지 한다. 그러므로 한번 아무 말도 하지 않고 침묵할 수 있다면, 이 얼마나 대단한 해방인가! 우리는 그럴 때만 점점 더 희귀해지는 어떤 것, 그러니까 과연 말해질 가치가 있는 무언가를 창조해낼 수 있게 되리라."[76]

지혜로운 바보idiot savant는 완전히 다른 지식에 접근할 수 있다. 그는 수평적인 차원을 넘어, 단순히 **정보화되고 네트워크화되어 있는 상태**를 넘어, 더 고차원적 영역으로 상승한다. "애초에 자폐증 환자를 의미하는 말이었던 '지혜로운 바보'는 그 개념적 의미를 덜어내고 어쩌면 그저 끼리끼리와는 다른 방식으로 결합되어 있는 모험가들을 가리키는 말로 사용될 수 있을 것이다."[77] 바보짓은 순결한 공간, 사유가 완전히 새로운 언어에 이르기 위해 필요로 하는 저 먼 곳을 열어준다. **지혜로운 바보는 등주 고행승**[기둥 위에서 금욕 생활을 실천하는 동방교회의 수도승──옮긴이]처럼 먼 곳을 보고 산다. 수직적 긴장이 그를 더 고차원적인 합일에 이를 수 있게 해준다. 그리하여 그는 사건들, 미래에서 온 신호를 예민하게 수신한다. "등주 고행승, 안테나. 어마어마한 방송의 전파가 성자의 입에서 울려나오게 하는 것과 동일한 소리가, 바보가 세계의 약한 신호를 수신하는 순간 울려나온다."[78]

지능Intelligenz은 '-사이에서 고르기inter-legere'를 의미한다. 지능은 시스템에 의해 규정되어 있는 사이에 사로잡혀 있다는 점에서 완전히 자유롭다고 할 수 없을 것이다. 지능에게 외부로 나가는 출구는 차단되어 있다. 허용되는 것은 오직 시스템 내의 선택뿐이기 때문이다. 즉 지능은 진정한 의미의 자유로운 결정을 할 수 없고, 다만 시스템이 제공하는 선택지들 사이에서 고를 수 있을 따름이다. 지능은 시스템의 논리를 따른다. 지능은 시스템 내재적이다. 시스템은 각자의 방식으로 지능을 규정한다. 지능은 완전히 다른 것에 접근하지 못한다. 지능은 수평적 차원에 거주한다. 이와 달리 바보는 지배적인 시스템, 즉 지능과 결별하면서 수직적인 것을 건드린다. "백치의 내부는 잠자리의 날개처럼 부드럽고 투명하다. 그것은 극복된 지능으로 아른거린다."[79]

들뢰즈는 마지막 글인 「내재성: 하나의 삶……」에서 내재성을 행복의 공식으로 끌어올린다. "우리는 순수한 내재성이란 하나의 삶이며 다른 어떤 것도 아니라고 말하고 싶다. 그것은 삶 속의 내재성이 아니다. 그것은 오히려 그 어떤 것 속에도 있지 않은 내재적인 것으로서, 그 자체가 하나의 삶이다. 하나의 삶은 내재성의 내재성, 절대적 내재성이다. 즉 그것은 완전한 능력, 완전한 행복이다."[80] 내재성은 어떤 다른 것에 내재하는 것이 아니라 오직 자기 자신에만 내재하기 때문에 "그 어떤 것 속에도 있지 않은" 내재적인 것이다. 따라서 그것은 "내재성의 내재성"이다. 그것은 그 무엇에도 예속되지 않는다. 그것은 오히려 그 스스로 자족적이다. 삶의 이러한 내재적 차원에서는 어떤 지배 질서도 수립될 수 없다. 자본은 삶을 삶 자체에서 소외시키는 초월성으로 나타난다. 삶의 내재성은 이러한 소외 관계를 폐기한다.

순수한 내재성은 심리화되지도, 예속화되지도 않는 공허다. 내재적 삶은 비어 있는 만큼 더 가볍고, 더 풍부하고, 더 자유롭다.[81] 개별성이나 주체성이 아니라 독특함, 특이성이 바보의 본질이다. 그래서 바보는 아직 개인도, 인격도 아닌 아기들과 근본적으로 닮았다. 개인적 속성이 아니라 비인격적 사건이 아기들의 존재를 이루는 핵심이다. "그래서 태어난 지 얼마 안 된 아기들은 비슷비슷하고 개성이라는 것이 거의 없다. 하지만 특이성은 있다. 미소, 몸짓, 찡그림, 이는 어떤 주체적 특질이 아닌 사건들이다. 아기들은 내재적 삶으로 충만하다. 그러한 삶은 순수한 능력이며 심지어 고통과 무상함을 훌쩍 뛰어넘는다."[82] 바보는 "그 누구와도 혼동되지 않지만 더 이상 이름이 없는" "호모 탄툼(Homo tantum, 특성 없는 인간)"[83]을 닮았다. 바보가 들어갈 수 있는 내재성의 층위는 탈예속화와 탈심리화의 매트릭스다. 그것은 주체를 그 자신에게서 해방시켜 "저 측량할 수 없는 텅 빈 시간 속으로"[84] 보내는 부정성이다. 바보는 주체가 아니다. "차라리 꽃의 실존. 빛을 향한 단순한 트임."[85]

1　Karl Marx & Friedrich Engels, *Die deutsche Ideologie*, MEW, 3권, p. 74.

2　Karl Marx, *Grundrisse der Kritik der politischen Ökonomie*, MEW, 42권, p. 545.

3　같은 곳.

4　Karl Marx, *Das Kapital*, MEW, 23권, p. 169.

5　Walter Benjamin, "Kapitalismus als Religion," *Gesammelte Schriften*, 6권, Frankfurt a. M. 1992, pp. 100~103, 이 중 p. 100.

6　Gilles Deleuze, "Postskriptum über die Kontrollgesellschaften," *Unterhandlungen, 1972~1990*, Frankfurt a. M. 1993, pp. 254~62.

7　같은 책, p. 256.

8　Michel Foucault, *Der Wille zum Wissen. Sexualität und Wahrheit 1*, Frankfurt a. M. 1977, p. 162.

9　같은 책, p. 166.

10　같은 책, p. 167.

11　같은 책, p. 169.

12 Michel Foucault, *Überwachen und Strafen. Die Geburt des Gefängnisses*, Frankfurt a. M. 1976, p. 175.

13 Michel Foucault, *Der Wille zum Wissen*, p. 166.

14 Michel Foucault, *Die Geburt der Biopolitik. Geschichte der Gouvernementalität. Vorlesung am Collège de France 1978~1979*, Frankfurt a. M. 2006, p. 43.

15 알렉산드라 라우는 저서『심리정치』에서 신자유주의 체제의 심리정치를 생정치적 통치 형태로 파악하는데, 이러한 관점은 의심스러운 것이다. "따라서 심리 기술을 권력 이론적으로 규율사회에 귀속시킬 수 있다면, 나는 이에 대응하여 '심리정치'를 생정치적 통치 방식으로 간주하고자 한다"(A. Rau, *Psychopolitik. Macht, Subjekt und Arbeit in der neoliberalen Gesellschaft*, Frankfurt a. M. 2010, p. 298). 신자유주의 체제를 생정치적으로 해석하는 토마스 렘케이 시도도 의심스럽기는 마찬가지다. Th. Lemke 외 편, *Gouvernementalität der Gegenwart. Studien zur Ökonomisierung des Sozialen*, Frankfurt a. M. 2000 참조.

16 Michel Foucault, *Die Geburt der Biopolitik*, p. 260.

17 Giorgio Agamben, *Homo sacer. Die souveräne Macht und das nackte Leben*, Frankfurt a. M. 2002, p. 14.

18 Michel Foucault, "Die Geburt der Sozialmedizin," *Schriften in vier Bänden*, 3권, Frankfurt a. M. 2003, pp. 272~97, 이 중 p. 275.

19 Bernard Stiegler, *Von der Biopolitik zur Psychomacht*, Frankfurt a. M. 2009, p. 49.

20 같은 책, p. 141.

21 같은 책, p. 135.

22 Michel Foucault, *Der Gebrauch der Lüste. Sexualität und Wahrheit 2*, Frankfurt a. M. 1984, p. 18.

23 Michel Foucault, "Technologien des Selbst," L. H. Martin 외 편, *Technologien des selbst*, Frankfurt a. M. 1993, pp. 24~62, 이 중 p. 27.

24 푸코도 자아의 기술과 권력의 기술 사이에 긴밀한 연관성이 있다
는 것은 어느 정도 짐작하고 있었다. "서양 문명에서 주체의 계보
학을 분석하고자 하는 사람은 지배의 기술뿐만 아니라 자아의 기술
도 고려해야 할 거라고 생각합니다. 말하자면 이 두 유형의 기술, 지
배의 기술과 자아의 기술 사이의 상호작용을 고려해야 한다는 것이
죠. 개개인들이 서로를 지배하기 위해 동원하는 기술은 어떤 지점에
서 개인이 자기 자신에게 작용하는 방식에 의존하는가 하는 문제,
역으로 어떤 지점에서 자아의 기술이 강제나 지배의 구조 속에 편
입되는가 하는 문제를 생각해야 합니다"(Michel Foucault, "About
the Beginning of the Hermeneutics of the Self. Two Lectures
at Dartmouth," *Political Theory*, 21권 2호(1993년 5월), pp.
198~227, 이 중 p. 203).

25 Michel Foucault, *Die Geburt der Biopolitik*, p. 314.

26 Georg Wilhelm Friedrich Hegel, *Wissenschaft der Logik II*,
Hamburg 1932, p. 58.

27 Mihaly Csikszentmihalyi, *Flow. Das Geheimnis des Glücks*,
Stuttgart 1995 참조.

28 Friedrich Nietzsche, *Jenseits von Gut und Böse*, Kritische
Gesamtausgabe, VI. 2, Berlin 1968, p. 167.

29 Barbara Ehrenreich, *Smile or Die. Wie die Ideologie des
positiven Denkens die Welt verdummt*, München 2010, p. 110에
서 재인용.

30 Byung-Chul Han, *Topologie der Gewalt*, Berlin 2011. 특히 이 책
의 2부에 실린 "Gewalt der Positivität(긍정성의 폭력)"에 관한 장
(pp. 118~27)을 참조할 것.

31 Naomi Klein, *Die Schock-Strategie. Der Aufstieg des Katas-
trophen-Kapitalismus*, Frankfurt a. M. 2009, p. 58.

32 같은 책, p. 76.

33 Eva Illouz, *Gefühle in Zeiten des Kapitalismus*, Frankfurt a. M.
2007, p. 7.

34 같은 책, p. 9.

35 André Gorz, *Wissen, Wert und Kapital. Zur Kritik der Wissens-ökonomie*, Zürich 2004, p. 20에서 재인용.

36 Eva Illouz, *Gefühle in Zeiten des Kapitalismus*, p. 39에서 재인용.

37 Karl Marx, *Das Kapital*, p. 828.

38 Karl Marx, *Grundrisse der Kritik der politischen Ökonomie*, p. 599.

39 Giorgio Agamben, *Profanierungen*, Frankfurt a. M. 2005 참조.

40 Martin Heidegger, *Grundfragen der Philosophie. Ausgewählte "Probleme" der "Logik,"* Gesamtausgabe, 45권, Frankfurt a. M. 1984, p. 169.

41 Jeremy Bentham, *Panoptikum oder Das Kontrollhaus*, Berlin 2012, p. 103.

42 같은 곳.

43 *The New York Times*, 2013년 2월 4일자.

44 Rüdiger Campe, *Das Spiel der Wahrscheinlichkeit. Literatur und Berechnung zwischen Pascal und Kleist*, Göttingen 2002, p. 399.

45 *Wired Magazine*, 2008년 7월 16일자. "다타이즘"이라는 용어에 대해서는 *Trend Update*, 10호(2011)의 "Dataismus"와 A. Pschera, *Dataismus*, Berlin 2013 또한 참조할 수 있다.

46 Theodor W. Adorno & Max Horkheimer, *Dialektik der Aufklärung. Philosophische Fragmente*, Frankfurt a. M. 1969, p. 4.

47 Tristan Tzara, *Sieben Dada-Manifeste*, Hamburg 1976, p. 12.

48 Byung-Chul Han, "Big Data: Dataismus und Nihilismus," *Zeit-Online*, 2011년 9월 27일자.

49 Evgeny Morozov, *Smarte neue Welt. Digitale Technik und die Freiheit des Menschen*, München 2013, p. 378.

50 Michel Foucault, *Technologien des Selbst*, p. 37.

51 빅데이터의 이러한 측면에 대해서는 빅토르 마이어-쇤베르거와 케네스 쿠키어 역시 지적한 바 있다. Viktor Mayer-Schönberger & Kenneth Cukier, *Big Data. Die Revolution, die unser Leben*

verändern wird, München 2013, p. 203.

52 Walter Benjamin, *Das Kunstwerk im Zeitalter seiner technischen Reproduzierbarkeit*, Frankfurt a. M. 1963, p. 36.

53 Zygmunt Bauman & David Lyon, *Daten, Drohnen, Disziplin. Ein Gespräch über flüchtige Überwachung*, Berlin 2013, pp. 83 이하.

54 같은 책, p. 86 이하.

55 Sigmund Freud, *Briefe an Wilhelm Fließ. 1887~1904*, J. M. Masson 편, Frankfurt a. M. 1986, p. 173.

56 Georg Wilhelm Friedrich Hegel, *Enzyklopädie der philosophischen Wissenschaften im Grundrisse 1830, Erster Teil. Die Wissenschaft der Logik*, Werke in zwanzig Bänden, E. Moldenhauer & K. M. Michel 편, 8권, Frankfurt a. M. 1970, p. 302.

57 같은 책, p. 318.

58 같은 책, p. 332.

59 같은 곳.

60 Georg Wilhelm Friedrich Hegel, *Wissenschaft der Logik II. Die Lehre vom Begriff*(1816), Hamburg 2003, p. 104.

61 Immanuel Kant, *Idee zu einer allgemeinen Geschichte in weltbürgerlicher Absicht*, Gesammelte Schriften. Akademie-Textausgabe, 8권, Berlin 1912/13, p. 17. 칸트는 1740년에서 1770년 사이의 통계를 근거로 결혼과 출산, 사망의 규칙성을 이야기하고 있다. 아마도 그는 요한 페터 쥐스밀히Johann Peter Süßmilch의 논문 "인류의 출산, 사망, 번식에서 입증된 인류의 변화에 담겨 있는 신적인 질서Die göttliche Ordnung in den Veränderungen des menschlichen Geschlechts, aus der Geburt, dem Tode und der Fortpflanzung desselben erwiesen"을 참고했을 것이다. Rüdiger Campe, "Wahrscheinliche Geschichte – poetologische Kategorie und mathematische Funktion," *Poetologien des Wissens um 1800*, J. Vogl 편, München 1998, pp. 209~30, 이 중 p. 220 참조.

62 만프레트 슈나이더는 「'다수가 결정한다는 것'은 무엇을 의미하는가?」라는 논문에서 "일반 의지"의 통계학적 측면에 대해 상론하고 있다. Manfred Schneider, "Was heißt 'Die Mehrheit entscheidet'?," *Urteilen/Entscheiden*, C. Vismann & Th. Weitin, München 2006, pp. 154~74, 이 중 p. 161 참조.

63 Jean-Jacques Rousseau, *Vom Gesellschaftsvertrag*, Stuttgart 2011, p. 32.

64 Manfred Schneider, "Was heißt 'Die Mehrheit entscheidet'?," p. 162.

65 Jean-Jacques Rousseau, *Vom Gesellschaftsvertrag*, p. 94.

66 Manfred Schneider, "Serapiontische Probabilistik. Einwände gegen die Vernunft des größten Haufens," *Hoffmanneske Geschichte. Zu einer Literaturwissenschaft als Kulturwissenschaft*, G. Neumann 편, Würzburg 2005, pp. 259~76 참조.

67 Friedrich Nietzsche, *Nachgelassene Fragmente Sommer 1872–Ende 1874*, Kritische Gesamtausgabe III4권, Berlin 등, 1978, pp. 250 이하.

68 Friedrich Nietzsche, *Nachgelassene Fragmente. Frühjahr 1881-Sommer 1882*, Kritische Gesamtausgabe V2권, Berlin 등, 1973, p. 427.

69 Michel Foucault, *Von der Subversion des Wissens*, Frankfurt a. M. 1987, p. 80.

70 Michel Foucault, *Der Mensch ist ein Erfahrungstier. Gespräch mit Ducio Trombadori*, Frankfurt a. M. 1996, p. 27.

71 Michel Foucault, *Ästhetik der Existenz. Schriften zur Lebenskunst*, Frankfurt a. M. 2007, pp. 110 이하.

72 www2.univ-paris8.fr/deleuze/article.php3?id_article=131; Philippe Mengue, *Faire l'idiot. La politique de Deleuze*, Éditions Germina, 2013.

73 Gilles Deleuze & Félix Guattari, *Was ist Philosophie?*, Frankfurt a. M. 2000, p. 71.

74 Botho Strauss, *Lichter des Toren. Der Idiot und seine Zeit*, München 2013, p. 10.

75 같은 책, p. 11.

76 Gilles Deleuze, "Mediators," *Negotiations*, New York 1995, pp. 121~34, 이 중 p. 129(M. Hardt & A. Negri, *Demokratie. Wofür wir kämpfen*, Frankfurt a. M. 2013, p. 21에서 재인용).

77 Botho Strauss, *Lichter des Toren*, p. 11.

78 같은 책, p. 165.

79 같은 책, p. 7. 클레망 로세는 『바보론』에서 어리석음을 지능의 반 대인 "무지능Inintelligenz"과 분명하게 구별한다. 그는 어리석음 속에 있는 창조적 잠재력을 인식한다. "일반적으로 어리석음은 무 지능, 즉 지능의 반대로 간주된다. 그리하여 잘 받아들이고 유연하 며 사려 깊은 지능과 잠이 덜 깨어 둔감하고 마비 상태를 벗어나 지 못한 어리석음 사이의 대립이 설정된다. [……] 그러나 실은 어 리석음이야말로 그 무엇보다도 수용 능력이 뛰어나고 유연하며 사 려 깊다"(Clément Rosset, *Das Reale. Traktat über die Idiotie*, Frankfurt a. M. 1988, p. 183). 무지능이 제한적인 데 반해, 어리석 음을 특징짓는 것은 무제한의 개방성과 수용성이다. 무지능은 경험 이 없다. 그래서 무지능은 사건에 접근하지 못한다. "무지능은 문을 닫아버린다. 무지능은 이런저런 지식으로의 입장을 막는 금지 신호 를 발하며, 이로써 경험의 지평을 제한한다." 반면 어리석음은 "모 든 것에 열려 있다. 어리석음은 어떤 대상에라도 주의를 기울이고 관여할 수 있다." 어리석음은 "소명"이며 "사제직"이다. "사제직에 딸린 모든 우상과 사제와 추종자 들"을 포함하는 의미에서(p. 185).

80 Gilles Deleuze, "Die Immanenz: ein Leben...," *Gilles Deleuze -Fluchtlinien der Philosophie*, F. Balke & J. Vogl 편, München 1996, pp. 29~33, 이 중 p. 30.

81 공의 개념에 대해서는 Byung-Chul Han, *Philosophie des Zen-Buddhimus*, Stuttgart 2002; *Abwesen. Zur Kultur und Philo-sophie des Fernen Ostens*, Berlin 2007 참조.

82 Gilles Deleuze, "Die Immanenz," pp. 31 이하.

83 같은 글, p. 31.

84 같은 곳.

85 Botho Strauss, *Lichter des Toren*, p. 175.

자유의 그물을 넘어서

— 한병철의 『심리정치』에 부쳐

김태환

바로 사유야말로 우리를 자유롭게 한다.

— 한병철

애플의 신제품 발표 행사의 핵심적 메시지는 결국 다음과 같은 문장 형식으로 수렴된다. 당신은 지금까지 할 수 없었던 무언가를 할 수 있다. 또는 당신은 지금까지보다 훨씬 더 쉽게, 더 빠르게 무언가를 할 수 있다. 그러면 여기서 우리가 할 수 있게 된 '무언가'는 무엇인가? 그것은 우리가 언제나 원했던 것, 원하는 것, 혹은 설사 의식적으로 원하지 않았다 하더라도 그 가능성이 주어진다면 원할 것이 분명한 무언가이다. 애플은 우리의 소망에 날개를 달아준다. 애플은 우리의 소망 실현을 가로막아온 장벽을 무너뜨린다. 애플은 우리를 자유롭게 한다.

우리는 언제 자유롭지 못하다고 느끼는가? 하고 싶은 것을 하지 못할 때, 또는 하고 싶지 않은 것을 해야 할 때다. 예컨대 인간은 오랫동안 새처럼 날고 싶었으나 날 수 없었다. 인간은 땅에 묶여 있었다. 라이트 형제의 비행기 발명을 통해 인간은 비로소 땅의 구속에서 해방되었다. 기술은 하고 싶은 것을 할 수 있게 해준다는 점에서 우리를 부자유 상태에서 해방한다. 근대가 이룩한 기술적 진보는 엄청난 자유의 확대를 가져왔다. 애플은 기술을 통한 자유의 확대라는 근대적 과정을 이어간다.

그러나 단순히 기술의 발전만으로 극복되지 않는 부자유가 있다. 그것은 사회적 부자유라고 부를 수 있는 것으로서, 인간이 하고 싶어 하는 것을 하지 못하게 만드는 (또는 하고 싶지 않은 것을 하게 만드는) 타자의 의지와 힘에 의해 발생한다. 이때 타자는 다른 개인일 수도 있고 집단적, 제도적 주체일 수도 있다(정치, 종교, 도덕, 법, 사회 관습에 따른 억압과 규율). 푸코는 사회적 부자유를 낳는 타자를 군주 권력과 규율 권력으로 구별한다. 군주 권력이 인격적 폭력을 바탕으로 작동한다면 규율 권력은 익명적 규칙 체계의 형태를 취한다. 여기서 자유를 억압하는 폭력은 시스템 자체의 요구에 따른 실천으로 나타난다.

근대가 자유의 확대 과정이라면, 이는 한편으로 기술적 혁신, 다른 한편으로 억압적 권력의 점진적 약화 내지 해체에 따른 결과라고 말할 수 있을 것이다. 전자는 새로운 가능성의 생산이라는 점에서, 후자는 가능성에 대한 제한의 축소라는 점에서 자유의 신장에 기여한다. 그런데 기술적 자유화와 사회적 자유화가 반드시 평행적으로 진행되어온 것은 아니다. 기술이 인간에게 선사한 자유에 대해 억압적 권력은 새로운 금지와 제재 조치로 반응할 수 있다. 인쇄술의 발명은 검열을 낳는다. 오늘날 생명 공학의 발전은 새로운 기술적 자유를 생성하는 동시에 이에 대한 각종 윤리적, 법적 제한을 유발한다. 때로 기술이 소수 집단에게 독점됨으로써 오히려 효율적인 통제와 억압을 가능하게 하기도 한다. 방송 기술이 20세기의 전체주의 체제에서 얼마나 중요한 역할을 수행했는지를 생각해보라. 이러한 체제에서 방송은 표현의 자유를 억압하는 수단으로 동원되었다. 그럼에도 불구하고 기술적 자유화는 장기적으로 억압적 권력의 약화와 사회적 자유화에 긍정적으로 작용해왔다고 할 수 있다.

억압적 권력의 입장에서 볼 때, 인쇄술처럼 개인이 자신의 지식과 의견을 광범위하게 퍼뜨릴 수 있는 기술적 가능성이 존재하는 사회가 그런 가능성이 아예 존재하지 않는 사회보다 훨씬 위협적이다. 검열은 기술적 자유가 촉발하는 위험에 대한 억압적 권력의 자기 보호 반응일 뿐이다. 인쇄술이 아니라면 권력은 검열에 에너지를 낭비할 필요조차 없을 것이다.

『심리정치』에서 한병철은 애플의 1984년 매킨토시 광고를 분석한다. 애플은 이 광고에서 조지 오웰의 1984년이 환기하는 부자유와 애플의 1984년이 가져다줄 자유를 대비시킨다. 특히 흥미로운 것은 애플이 매킨토시를 빅브라더의 전체주의 지배 체제를 파괴하는 정치적 투사로 의인화한다는 점이다. 즉 기술적 자유화와 사회적 자유화가 어떤 매개적 요인도 없이 직접 등치되고 있는 것이다. 기술을 통한 새로운 가능성의 생성은 해머로 억압적 권력을 공격하는 정치적 반란과 동일한 효과를 낳는다. 그런데 한병철은 이 광고를 조지 오웰이 묘사한 빅브라더의 전면적 통제 체제가 애플로 상징되는 새로운 패러다임의 통제 체제, 자유로 치장된 디지털 통제 체제로 교체되었음을 알리는 선언으로 읽는다. 거대한 자유의 생성이 어떻게 새로운 통제 체제의 성립으로 해석될 수 있는 것일까?

애플 광고에서 기술적 자유화를 사회적 부자유의 극복으로 묘사하는 것에는 어떤 개념적 착란이 있다. 사악한 독재자의 지배 체제를 깨뜨리려고 달려가는 혁명가의 마음속에는 인간의 자유를 말살하는 억압과 폭력에 대한 분노와 투쟁의 의지가 끓고 있을 것이다. 하지만 지금까지 사람들이 하지 못하던 것을 할 수 있게 만들고자 하는 스티브 잡스Steve Jobs와 그의 동료들에게 그런 정의로운 분노는 낯선 것이다. 도대체 누구에게 분노한단 말인가? 그들은 그저 안되는 것을 되게 만들고자 하는 창의적 의지와 영리함으로 무장되어 있을 뿐이다. 하지만 정치적 반란과 기술 혁신의 등치에는 단순한 착란 이상의 의미가 있다. 그 속에 함축되어 있는 것은 곧 사회적 부자유를 기술적 부자유(기술적 불가능성)로 환원시키는 태도다. 인간을 부자유 상태에서 해방시키는 것은 기술적 영리함이다. 분노에 찬 혁명가가 싸워서 거꾸러뜨려야 할 빅브라더는 더 이상 없다. 그렇다면 애플의 광고는 1984년 당시 미국인들(정확히 말하면 백인을 중심으로 한 주류 미국인들)이 자신의 세계에 대해 가지고 있던 감정을 충실히 반영한 것이 아니었을까? 억압적 권력에 의한 사회적 부자유는 오랜 과거의 이야기였고, 조지 오웰 소설의 모델이 된 붉은 제국도 내적 모순으로 기울어가서 더 이상 미국의 위협적인 적으로 여겨질 수 없었다(1985년 고르바초프Mikhail Gorbachev의 집권과 함께 시작된 개방 정책으로 소련은 본격적인 몰락의 길을 걷기 시작한다). 이제 미국인들에게는 기술 혁신을 통해 더욱 자유로워질 미래만이 기다리고 있었다.

마르크스주의는 자본주의 지배 체제가 오직 억압적이고 폭력적인 국가 기구에 의해서만 지탱될 수 있다고 가정한다. 자본주의는 노동자에 대한 착취를 통해서만 유지될 수 있는 시스템이다. 따라서 착취의 본질을 깨달은 노동자 계급이 저항을 시작하면, 결국 저항을 진압하기 위해 국가적 폭력이 동원될 수밖에 없는 것이다. 자본주의 체제의 국가는 때로 자유주의나 민주주의의 외양으로 치장하지만, 본질은 언제나 반민주적이고 억압적이며 폭력적이다. 하지만 마르크스주의의 이러한 인식은 자본과 정치권력 사이의 복합적이고 양가적인 관계를 단순화한다는 문제점을 안고 있다. 자본은 자본주의 체제에 대한 도전을 폭력적으로 제압해줄

국가 권력을 필요로 했고, 앞으로도 그것에 전혀 의존하지 않으리라고 말할 수는 없을 것이다. 그러나 발전한 산업 국가들(혹은 후기 산업 국가들)에서 특히 제2차 세계대전 이후 국가 권력의 억압적 성격은 상당히 약화되었고 이는 사회적 자유의 폭넓은 확대로 이어졌다. 게다가 어떤 의미에서는 자본 자체가 이 과정에서 매우 적극적인 역할을 수행해왔다고 할 수 있을 것이다. 과도한 자유의 제한은 자본의 관점에서는 이윤을 창출할 수 있는 기회의 축소를 의미한다. 억압적 권력과 사회적 부자유 상태는 자본의 이해관계에 배치된다. 그런 한에서 자본은 사회의 자유화를 진전시키는 방향으로 작용할 수 있다.

자본주의 체제에서 진행되는 억압적 권력의 약화와 사회적 자유의 확대 현상은 두 가지 측면에서 생각해볼 수 있다. 첫째, 자본주의 체제와 질서 자체가 혁명에 의해 전복될 위험이 줄어들고 절대 다수의 사람들에게 마치 너무나 당연히 받아들일 수밖에 없는 자연의 질서처럼 여겨지게 되면서, 이른바 불온한 세력에 대한 폭력적 억압과 배제의 필요성도 사라진다. 자본주의적 질서에서 불변의 철칙이 있다면, 돈이 없는 자는 돈이 있는 자에 비해 하고 싶은 것을

할 수 없는 경우(또한 하고 싶지 않은 것을 해야 하는 경우)
가 많다는 것이다. 그것은 사회적 관습과 제도와 법에 따른
부자유, 즉 사회적 부자유다. 자본주의 체제 자체의 전복을
추구한 마르크스주의자들은 무산자의 부자유를 노예나 농
노의 부자유와 마찬가지로 지배 계급의 부당한 폭력에 따른
사회적 부자유로 규정하고, 전근대적 신분제가 사회 혁명을
통해 철폐되었듯이 무산자 역시 공산주의 혁명을 통해 해방
될 수 있다고 주장했다. 그런데 실제 마르크스주의 혁명을
통해 성립한 공산주의 체제는 자본주의 질서의 근본 원칙을
철폐함으로써 유산자에게서 자유를 박탈하는 데는 성공했
지만, 무산자를 해방시킨다는 목표에는 접근도 해보지 못한
채 발전한 자본주의 사회보다 더 큰 정치적 억압과 강제를
낳으며 몰락의 길을 걸어갔다. 그 사이 발전한 자본주의 사
회들은 돈과 시장의 질서를 완벽하게 자연화하는 데 성공한
다. 공산주의 체제의 붕괴 이후, 자본주의 질서 너머의 유
토피아에 대한 상상은 현실적 기반을 상실했고, 돈 없는 자
가 감수해야 하는 사회적 부자유는 자연이 인간에게 부과한
부자유보다도 더 당연하고 자연스러운 것이 되었다. 자연적
부자유 상태는 때로 기술 혁신을 통해 해소되기도 하지만,

돈 없는 자를 부자유 상태에서 해방시켜줄 기술 혁신은 일어나지 않는다. 만약 그런 마법과 같은 기술이 존재한다면 이는 곧 자본주의의 종말을 의미할 것이다. 돈으로 인해 생겨나는 부자유는 오직 돈을 통해서만, 즉 자본주의의 논리 자체를 통해서만 극복할 수 있다. 무산자의 부자유가 움직일 수 없는 자연적 질서로 고착화되고 어떤 개인이나 집단도 이 질서를 철폐할 가능성을 진지하게 생각할 수 없게 된 상황에서, 국가가 자본주의 체제의 질서를 수호하기 위해 강제와 폭력을 행사하는 억압적 권력으로서의 역할을 수행할 필요성은 거의 사라진다. 국가는 그저 "공공의 안녕"을 유지하는 데 전념하기만 하면 된다. 내가 돈으로 인해 느끼는 부자유는 숙명적이고 자연적인 삶의 조건이 되었고, 그것의 바탕에 놓인 질서는 나를 포함하여 세상의 거의 모든 사람들이 인정하고 받아들인 것이다. 자본주의적 질서에 따른 사회적 부자유가 기술적 불가능성보다도 더 견고한 자연적인 불가능성으로 간주되는 세계, 그 결과로 권력의 노골적인 통제와 강압이 사라져버린 세계, 그것은 바로 한병철이 말하는 '자유'의 감정이 생겨날 수 있는 토양이 된다.

둘째, 20세기 후기자본주의 체제에서 일어난 현저한 변

화, 즉 금지하고 규제하는 경직되고 억압적인 권력에서 사
람들에게 더 많은 자유와 가능성을 허용하는 친절하고 유
연하며 방임적인 권력으로의 이행은 자본의 이해관계와 일
치한다. 자본의 관점에서 볼 때, 금지와 규제의 해제를 통
한 자유의 확대는 기술 혁신에 의한 새로운 가능성의 생성
과 마찬가지로 이윤 창출의 기회를 증대시킨다. 자본주의적
생산을 위해 처음으로 자본의 축적이 이루어져야 하던 시
대, 인간의 필수적인 욕구에 부응하는 정도의 생산만으로
도 산업의 성장이 가능하던 시대에는 당연히 근면이나 절약
과 같은 금욕주의적 덕목이 자본주의 정신의 핵심으로 간주
되었다. 자본주의의 건강한 발전을 위해 방종한 욕망과 퇴
폐적이고 향락적인 태도는 배격되어야 했다. 하지만 전통적
인 시장이 포화 상태에 이르고 축적된 자본이 이윤을 얻을
수 있는 새로운 시장을 개척해야 하는 상황이 되면서, 욕망
의 통제는 더 이상 자본주의 경제와 양립하기 어렵게 된다.
사람들이 하고 싶은 대로 내버려두어야 자본이 투자할 수
있는 새로운 시장이 생긴다. 어떤 도덕이나 종교, 혹은 다
른 이념에 사로잡혀 사람들의 욕망을 억압하고 금욕을 강요
하는 정치권력이나 사회적 권위는 후기자본주의 체제에 맞

지 않는다. 자본은 방임적 권력을 필요로 한다. 이런 면에서 억압적 권력의 약화와 사회적 자유화는 자본의 이해관계가 관철되는 과정이라고 할 수도 있을 것이다.

한국 사회는 자본주의 경제의 발전 과정에서 정치권력의 극적인 성격 변화를 경험했는데, 이러한 변화도—단순히 군사 독재에서 민주주의 체제로의 이행이라는 정치적 차원의 정의로 만족할 것이 아니라—지금 논의한 맥락과 연결시킬 수 있을 것이다. 이때 특히 흥미로운 것은 5공화국 정권의 양면성이다. 5공화국 정권은 한편으로 70년대 유신 정권의 반민주적 특성을 고스란히 이어받아 시민의 정치적 자유와 사상의 자유를 심각하게 제한하고 정권의 반대자를 가혹하게 탄압했다. 언론에 대한 검열과 통제는 유신 시대보다도 더 강화되었다. 하지만 5공화국 정권이 이처럼 스스로에게 직접적으로 위협이 될 수 있는 정치적 자유를 극도로 억압한 것과는 대조적으로, 비정치적이고 일상적인 삶의 영역에서는 획기적인 자유화 조치들이 쏟아져 나온다. 통행금지의 해제와 교복 및 두발 자율화, 과외 금지와 대학 정원의 증원에 따른 고등교육 기회의 확대 등등. 그 외에도 정권의 주도 아래 프로야구 등 프로스포츠의 시대가 개막되었고, 컬러TV 방송이 시작되었으며, 방임적 분위기 속에서 에로 영화가 범람하고 향락 산업이 번창한 것도 이 시기였다. 유신 정권이 장발과 미니스커트 같은 '불건전한' 풍속을 통제하고 외화의 키스 장면조차 모두 삭제하며 가정의례 준칙을 제정하여 상가나 결혼식장의 화환까지 규제할 정도로 모든 소비적이고 퇴폐적이며 향락적인 것에 대해 적대적이었다는 점을 생각하면, 5공화국 정권이 가져온 변화는 분명 극적인 면이 있었다. 비록 정권에게 직접적인 위협이 될 수 있는 정치적 자유는 여전히 극도로 제한되었지만 사회는 대중의 욕망을 옥죄던 유신 시대의 규율과 규제에서 상당한 정도로 벗어나기 시작한 것이다.

사람들은 흔히 정치적 정당성이 취약했던 전두환 정권이 대중의 관심을 정치에서 돌리기 위해 3S(스포츠, 스크린, 섹스) 정책을 추진했다고 이야기한다. 물론 당연한 견해이지만, 이처럼 큰 변화를 일시적인 관심의 호도를 위한 구실 정도로만 이해하는 것은 근시안적이다. 과연 5공화국 정권이 이른바 3S 정책을 통해 얼마나 오랫동안 사람들의 생각을 정치에서 떼어놓을 수 있었는지는 80년대의 격렬한 민주화 운동의 역사를 살펴보면 쉽게 확인할 수 있다. 정권이

기대한 정치적 효과는 얼마 가지 못했다. 하지만 자본주의적 발전의 관점에서 본다면 5공화국의 자유화 정책들은 한국 사회에 지속적인 영향과 흔적을 남겼다. 대중에게 주어진 새로운 자유와 가능성들은 자본에 무진장한 기회를 제공했다. 예컨대 컬러TV 방송의 시작이 가져온 산업적 파급 효과는 전자, 의류, 문화 산업에 이르기까지 엄청난 것이었다. 교복 자율화는 청소년 의류 시장의 급격한 질적, 양적 성장을 촉발했다. 통행금지 해제는 향락 산업에 새로운 가능성을 열어주었다. 자유화 조치로 인해 가장 뚜렷한 과실을 얻은 것은 바로 자본이었다. 대중은 이제 하고 싶은 것을 하고, 보고 싶은 것을 보고, 입고 싶은 것을 입고, 소비하고 싶은 것을 소비하도록 방임되고 권장되었으며, 자본은 이러한 자유에서 이익을 뽑아낼 수 있었다. 이로써 자유는 자본의 착취 대상이 된다. 자유의 산업화, 자유의 상업화가 본격적으로 시작되었다. 통행금지가 해제된 첫날 밤 자정이 넘은 시간에 도심의 거리를 걸어보던 시민들이 만끽한 순수한 자유의 감정은 곧 휘발되어버리고, 도시의 밤은 취객의 욕망을 노리는 온갖 상인들의 먹잇감으로 전락한다. 통행금지의 해제는 쉼없는 24시간제 자본주의로의 전환을 의미한다.

전두환 정권이 자신의 존립을 위협할 수 있는 시민의 정치적 자유를 철저히 억압했다는 점에서, 5공화국의 자유화는 부분적 자유화, 선택적 자유화였다고 말할 수 있을 것이다. 그것은 물론 대중을 정치적으로 조작하려는 정권의 선택이었지만, 궁극적으로는 자본의 선택이기도 했다. 자본의 선택은 정권의 선택보다 더 오래가고, 더 근본적인 영향을 미친다. 그것은 3S로 상징되는 대중문화의 영역이 5공화국의 몰락 이후 민주화가 진전되는 과정에서도 지속적으로 비약적 성장을 거듭해왔다는 사실에서 잘 확인된다. 독재 정권과 민주주의 정부의 연속성, 그것은 곧 자본의 연속성이다.

선택적 자유화라는 관념은 한 사회 속에서 개개인이 누리는 자유의 형태가 자유의 주체인 인간 자신에 의해서가 아니라 정권이나 자본과 같은 타자에 의해서 타율적으로 결정될 수 있음을 암시한다. 자본은 착취할 수 있는 자유를 찾아다닌다. 자본은 이를 위해 억압적 권력을 약화시키기도 하고, 기술적 혁신에 의존하여 새로운 가능성을 생성하기도 한다. 자본이 인간을 자유롭게 한다. 그런데 자본이 제공하는 자유는 착취 가능한 자유, 자본의 이해관계에 따라 선택된 자유다. 우리는 자본에 의한 선택적 자유화의 길을 따라 자유를 누린다. 그 속에서 우리가 자유롭게 실현하는 욕망은 자본이 만들어준 레디메이드 옵션 가운데 하나일 뿐이다. 자본은 '너는 이것을 할 수 있어'라고 말하며 현란한 가능성들을 펼쳐 보인다. 스티브 잡스는 아이팟을 처음 소개하는 키노트에서 "당신이 가진 음반 전부를 호주머니에 넣고 다닐 수 있다"고 주문을 외듯 반복해서 말한다. 우리는 애플 덕분에 가지고 있는 음반들을 모두 작은 아이팟에 담을 수 있는 자유를 얻었다. 그것은 전적으로 애플에 의해 만들어진 자유이고 애플을 통해서만 실현될 수 있는 자유다. 우리는 아이팟이 나오기 전에 이미 그러한 자유를 원했던가? 그것은 중요한 문제가 아니다. 포켓 속 음악의 자유, 아이팟의 자유에 길들여지는 순간 우리는 아이팟에 의존적으로 된다. 우리는 진정으로 자유로워지지 못하고 우리가 누리는 자유에 종속된다.

자유의 예속성이라는 역설은 다음 세 가지 측면을 지닌다. 첫째, 우리는 이러한 자유에 대해 주체적인 관계에 있지 못하다. 그것은 앞에서 말한 대로 내가 선택하고 창조한 가능성이 아니라 자본이 착취를 위해 선별하고 생산한 자유, 자본이 미리 구성해서 제공하는 레디메이드 옵션일 뿐이다. 우리의 모든 욕망이 아니라 자본에 의해 착취 가능한 욕망, 상품화될 수 있는 욕망에만 자유가 주어진다. 따라서 그것은 인간의 전 존재가 관련되어 있는 실존적 자유와 거리가 멀다. 둘째, 자본이 우리에게 자유를 주기 때문에 우리는 자유를 누리기 위해 자본에 의존하게 된다. 자본이 아니라면 우리는 자본이 가능하게 해준 자유로운 삶을 포기해야 할 것이다. 우리의 자유를 자본에 의존하면 할수록, 우리는 점점 더 자본에 순응하게 된다. 셋째, 자본이 제공하는 자유는 상품의 형태를 취한다. 따라서 우리는 돈을 주고 자유를 사야 한다. 애플은 공짜로 우리를 자유롭게 해주지 않는다. 자본주의 사회에서 주어지는 다채로운 자유의 옵션들을 충분히 누리기 위해서는 많은 돈을 자본에 갖다 바쳐야 한다. 자본은 자유를 위해 돈을 지불하도록 유혹하고, 우리는 그 돈을 마련하기 위해 열심히 일함으로써 다시 자본에 봉사한다. 더 많은 성과는 더 많은 돈을, 더 많은 돈은 더 많은 자유를 약속한다. 우리는 자본이 약속하는 자유를 얻기 위해 자기 자신을 최대한 착취한다. 자유를 위해 자유를 희생시키는 것이다.

디지털 미디어의 시대는 자본에게 새로운 가능성, 새로운 자유를 생산할 수 있는 매우 효과적인 수단을 제공한다. 빅데이터가 그것이다. 빅데이터는 우리 자신도 의식하지 못하는 우리의 습관과 행동 패턴, 우리의 무의식적 욕망까지 읽어낸다. 빅데이터를 통해 자본은 우리에게 '무얼 드릴까요?'라고 물어보지도 않고 우리가 원할 것이라고 예상되는 옵션들을 눈앞에 제시해준다. 이제 우리는 원하는 게 무엇인지를 스스로 생각할 필요도 없다. 자본이 그것을 대신 생각해준다. 우리의 내밀한 소망을 파악한 자본의 유혹은 더욱 강력해지고, 우리는 꼭두각시처럼 자본의 암시에 따라 조종당할 위험에 처한다. 자본은 명령이나 강압을 통해서 조종하지 않는다. 자본은 다만 할 수 있는 자유를 줌으로써 하게 만들 뿐이다. 뭔가를 할 수 있게 했을 때 사람들이 그것을 실제로 할 확률이 100퍼센트라면, 자본의 조종은 완벽하게 성공한 셈이다. 완벽한 유혹. 빅데이터는 자본에게 완벽한 유혹의 방법을 안내한다.

　자본의 관점에서 인간은 수많은 욕망들이 일정한 패턴에 따라 운동하는 장에 지나지 않는다. 자본은 전체로서의 인간에 관심이 없다. 자본은 인간을 착취 가능한 다양한 부분적 욕망들로 해체한다. 자본이 친절한 목소리로 우리를 '고객님'이라고 호명할 때, 그것은 우리의 전 인격을 향한 말 걸기가 아니라 착취 가능한 우리의 내면적 자질을 향한 호소일 뿐이다. 이때 빅데이터는 인간을 수많은 성향과 사실들에 관한 정보로 해체하고 이들 사이의 개연적 상관관계를 보여줌으로써 자본이 인간에 관해 가지고 있는 부분적이고 파편적인 관심에 완벽하게 부응한다.

한병철은 "내가 원하는 것에서 나를 지켜줘"라는 제니 홀저의 말을 『심리정치』의 모토로 삼는다. 제니 홀저는 자기 자신의 소원에서 자유로워지고자 한다. 그것은 원하는 대로 할 수 있다는 의미에서의 자유와는 다른 차원의 자유를 암시한다. 오늘날 하고 싶은 것을 할 수 있는 자유는 대단히 수상쩍은 것이 되었다. 우리는 자본이 할 수 있게 해주는 것을 하고 싶어 하게 되었고, 이로써 우리의 소원은 자본의 인질이 되고 말았기 때문이다. 이런 상황에서는 하고 싶은 것을 하는 것보다 오히려 하지 않는 것이 자유의 실천일지도 모른다. 그런데 과연 그것이 가능한 일일까? 제니 홀저의 경구에서 타자에게 붙들려 낯설게 되어버린 자아의 소원은 자아를 공격하는 적으로 나타난다. 자아를 지켜달라는 호소문의 형식은, 자신의 소원과 자유에서 자유로워지고자 하는 자아의 욕망과 동시에 스스로 자아를 지킬 수 없다는 무기력감을 동시에 표현한다.

한병철은 우리의 소원, 우리의 마음 자체가 자본의 인질로 붙들려 착취의 대상이 된 심리정치의 시대에 내면을 비우고 백치 상태에 이를 가능성에 대해 이야기한다. 내면이 없는 바보는 자본이 만들어놓은 자유의 그물 속에 얽혀들지 않고, 오히려 그것을 함부로 가로질러간다. 지폐 뭉치를 가지고 놀다가 찢어버린 그리스의 아이들이 그런 바보다. 돈은 바로 자본이 제공하는 모든 자유의 정수이기 때문이다. 과연 우리는 돈을 찢어버린 그리스 아이들 같은 바보가 될 수 있을까? 그리하여 자본이 제공하는 자유의 그물 너머에서 '하고 싶은 것을 할 수 있다'는 것과는 전혀 다른 형식의 자유에 이를 수 있을까? 우리는 이미 자본에 너무나 깊이 길들여져 있고, 자본이 제공하는 레디메이드 자유의 촘촘한 그물 속에 잘 적응해 있지 않은가? 하지만 자본주의 사회의 자유가 지니는 예속성을 인식함으로써 우리는 적어도 자본이 확장해가는 새로운 가능성에 열광적으로 달려들기 전에 잠시 걸음을 멈추고 다른 가능성에 대해 생각할 수 있는 힘을 얻을 수 있을 것이다. 자본이 추진해가는 선택적 자유화

의 과정에서 선택되지 않은 자유의 가능성에 대해, 자본이

결코 착취할 수 없는 자유에 대해 생각할 수 있는 힘을. 한

병철은 말한다. "바로 사유야말로 우리를 자유롭게 한다."